LES CLASSIQUES POUR TOUS

STENDHAL

RACINE
ET
SHAKESPEARE

LIBRAIRIE HATIER

N° 362

LIBRAIRIE A. HATIER, 8, Rue d'Assas, PARIS (VIe)

LES CLASSIQUES POUR TOUS

LITTÉRATURE FRANÇAISE

Chaque Exemplaire. .. ..

BALZAC. — César Birotteau. — Le Colonel Chabert. — Le Cousin Pons. — Eugénie Grandet (2 vol.). — Un Épisode sous la Terreur. — Louis Lambert. — Le père Goriot. — La Recherche de l'Absolu (2 vol.).

BANVILLE (Th. de). — Gringoire.

BAUDELAIRE. — Pages de critique. — Poèmes en prose. — Poésies choisies.

BEAUMARCHAIS. — Le Barbier de Séville.

BELLAY (J. DU). — Œuvres choisies.

BERNARDIN DE SAINT-PIERRE. — Paul et Virginie.

BOILEAU. — L'Art poétique. — Épîtres. — Le Lutrin. — Satires.

BOSSUET. — Trois Oraisons funèbres. — Cinq Sermons. — Maximes et Réflexions sur la comédie.

BOURDALOUE. — Sermons.

BUFFON. — Discours sur le style

CHANSON DE ROLAND (LA).

CHATEAUBRIAND. — Atala. — Les Martyrs (2 vol.). — Mémoires d'Outre-Tombe (2 vol.).

CHÉNIER (André). — Poésies choisies.

COLLÉ. — La Partie de chasse de Henri IV.

COMTE. — Philosophie positive (extraits).

CONDILLAC. — Traité des Sensations.

CORNEILLE. — Attila. — Le Cid. — Cinna. — Horace. — Mélite. — Le Menteur. — Nicomède. — Polyeucte.

COURIER (P.-L.). — Lettres d'Italie. — Pamphlets.

DELAVIGNE (Casimir). — Louis XI.

DESCARTES. — Discours de la Méthode. — Méditations métaphysiques. — Principes de la Philosophie (Livre I).

DESTOUCHES. — Le Glorieux.

DIDEROT écrivain d'Art (2 vol.).

FABLIAUX et Contes Choisis du Moyen Age.

FABRE d'EGLANTINE. — Le Philinte de Molière.

FARCE DE MAITRE PATHELIN (La).

FÉNELON. — L'Éducation des Filles. — Fables. — Lettre à l'Académie. — Dialogues des Morts. — Télémaque (2 vol.).

FLORIAN. — Fables choisies.

FONTENELLE. — Éloge des Savants.

FRANÇOIS DE SALES (St). — Introduction à la Vie dévote.

FROISSART. — Les Chroniques.

FURETIÈRE. — Le Roman bourgeois.

GAUTIER (Th.). — Poésies choisies.

GIRODET. — Écrits sur l'art.

GOLDONI. — Le Bourru bienfaisant.

GRESSET. — Le Méchant.

JOINVILLE. — Histoire de saint Louis.

JOUFFROY. — Mélanges philosophiques.

LA BOÉTIE. — De la Servitude volontaire.

LA BRUYÈRE. — Caractères et Portraits.

LA FAYETTE (Mme de). — La Princesse de Clèves.

LA FONTAINE. — Fables choisies (2 vol.).

LAMARTINE. — Méditations poétiques ; Nouvelles Méditations ; Harmonies (2 vol.) ; Graziella ; Histoire des Girondins (2 vol.) ; La Mort de Socrate — Le Chant du Sacre (1 vol.) ; Voyage en Orient ; Chefs-d'œuvre poétiques ; Jocelyn (extraits).

LA ROCHEFOUCAULD. — Maximes.

(Voir la suite page 3 de la couverture.)

STENDHAL

RACINE
ET
SHAKSPEARE

NOTICE et NOTES

par L. VINCENT

Docteur ès lettres.

PARIS
LIBRAIRIE A. HATIER
8, Rue d'Assas, VIᵉ

NOTICE [1]

Nous avons vu que Stendhal avait fait de nombreux séjours à l'étranger. D'un esprit curieux, il s'était bien vite familiarisé avec la littérature des pays où il vivait. Aussi se passionna-t-il pour les chefs-d'œuvre qu'il ignorait jusque-là. Il était travaillé par la soif de l'indépendance et de la liberté dans les œuvres de l'esprit, ainsi qu'une partie de la jeunesse d'alors. C'est surtout Shakspeare qu'il admirait.

Voltaire avait découvert le grand dramaturge anglais pendant son séjour en Angleterre, aussi avait-il cherché, dans les *Lettres philosophiques*, à le faire connaître et admirer chez nous, mais sans beaucoup de succès.

En 1823, paraissait, dans *The Paris Monthly Review*, de Stendhal, un article intitulé *Racine et Shakspeare*. La même année, cette étude, légèrement retouchée se vendait séparément, et formait un petit volume de 55 pages. C'était une comparaison entre ces deux grands hommes et une discussion serrée pour savoir si le système dramatique du poète anglais ne convenait pas mieux aux besoins de notre époque que celui de notre poète français. C'était, en somme, la continuation de la lutte engagée contre les fameuses unités de temps et de lieu; et tout l'avantage dans la discussion restait aux théories romantiques.

Plus tard, le petit volume qui ne comptait que les trois premiers chapitres, fut considérablement augmenté, puisqu'il y en a dix actuellement dans l'édition Lévy que nous avons adoptée.

Le pamphlet de Stendhal qui répond au manifeste d'Auger contre le romantisme (24 avril 1824) parut en 1825; il constitue la 2ᵉ partie de l'édition Lévy.

Enfin une autre étude sur le romantisme fut encore ajoutée à la 3ᵉ partie du volume. Il est bon de remarquer que l'auteur ne s'est point corrigé; la première édition est définitive; il n'a fait qu'augmenter sa première étude des chapitres dont on vient de parler.

On trouvera ici la première partie seulement de *Racine et Shakspeare* qui figure dans l'édition Lévy.

1. Cf. la Biographie de Stendhal au début de la *Chartreuse de Parme*, même collection.

RACINE ET SHAKSPEARE

PREMIÈRE PARTIE

PRÉFACE

Rien ne ressemble moins que nous aux marquis couverts d'habits brodés et de grandes perruques noires, coûtant mille écus, qui jugèrent, vers 1670, les pièces de Racine et de Molière.

Ces grands hommes cherchèrent à flatter le goût de ces marquis et travaillèrent pour eux.

Je prétends qu'il faut désormais faire des tragédies pour nous, jeunes gens raisonneurs, sérieux et un peu envieux, de l'an de grâce 1823. Ces tragédies-là doivent être en prose. De nos jours, le vers alexandrin n'est le plus souvent qu'un cache-sottise.

Les règnes de Charles VI, de Charles VII, du noble François Ier, doivent être féconds pour nous en tragédies nationales d'un intérêt profond et durable. Mais comment peindre avec quelque vérité les catastrophes sanglantes narrées par Philippe de Comines, et la chronique scandaleuse de Jean de Troyes [1], si le mot *pistolet* ne peut absolument pas entrer dans un vers tragique ?

La poésie dramatique en est en France au point où le célèbre David [2] trouva la peinture vers 1780. Les premiers essais de ce génie audacieux furent dans le genre vaporeux et fade des Lagrénée [3], des Fragonard [4] et des Vanloo [5]. Il fit trois ou quatre tableaux fort applaudis. Enfin, et c'est ce qui lui vaudra l'immortalité, il s'aperçut que le genre niais de l'ancienne école française ne convenait plus au goût sévère d'un peuple chez qui commençait à se développer la soif des actions énergiques. M. David apprit à la peinture

---

1. JEAN DE TROYES, greffier de l'Hôtel de Ville de Paris ; on lui a attribué faussement la chronique de Louis XI connue sous le nom de *Chronique scandaleuse*. — 2. Louis DAVID (1748-1825), conventionnel. Réagit contre le maniérisme de l'école précédente. Il fut le peintre de l'Empereur. Citons : le *Sacre de Napoléon*, etc. — 3. LAGRÉNÉE (1724-1805), peintre français, élève de Carle Vanloo. Citons : *Alexandre consolant la famille de Darius ; la chaste Suzanne*. — 4. FRAGONARD (1734-1806), peintre français, élève de Chardin, Vanloo, Boucher. *Serment d'Amour : Sacrifice de la Rose*. — 5. VANLOO. Jean-Baptiste (1684-1745) et Carle (1705-1765) étaient deux frères ; le second fut nommé peintre du Roi en 1734 et directeur de l'École de Peinture.

à déserter les traces des Lebrun [1] et des Mignard [2], et à oser montrer Brutus [3] et les Horaces [4]. En continuant à suivre les errements du siècle de Louis XIV, nous n'eussions été, à tout jamais, que de pâles imitateurs.

Tout porte à croire que nous sommes à la veille d'une révolution semblable en poésie. Jusqu'au jour du succès, nous autres défenseurs du *genre romantique*, nous serons accablés d'injures. Enfin, ce grand jour arrivera, la jeunesse française se réveillera ; elle sera étonnée, cette noble jeunesse, d'avoir applaudi si longtemps, et avec tant de sérieux, à de si grandes niaiseries.

Les deux articles suivants, écrits en quelques heures et avec plus de zèle que de talent, ainsi que l'on ne s'en apercevra que trop, ont été insérés dans les numéros 9 et 12 du *Paris Monthly Review*.

Éloigné, par état, de toute prétention littéraire, l'auteur a dit sans art et sans éloquence ce qui lui semble la vérité.

Occupé toute sa vie d'autres travaux, et sans titres d'aucune espèce pour parler de littérature, si malgré lui ses idées se revêtent quelquefois d'apparences tranchantes, c'est que, par respect pour le public, il a voulu les énoncer clairement et en peu de mots.

Si, ne consultant qu'une juste défiance de ses forces, l'auteur eût entouré ses observations de l'appareil inattaquable de ces formes dubitatives et élégantes, qui conviennent si bien à tout homme qui a le malheur de ne pas admirer tout ce qu'admirent les gens en possession de l'opinion publique, sans doute alors les intérêts de sa modestie eussent été parfaitement à couvert ; mais il eût parlé bien plus longtemps, et, par le temps qui court, il faut se presser, surtout lorsqu'il s'agit de bagatelles littéraires.

1. Charles LEBRUN (1619-1690), célèbre peintre du siècle de Louis XIV. Il décora Versailles, en particulier la grande galerie où se trouve l'*Histoire de Louis XIV*. Parmi ses autres tableaux : *le Martyre de saint Étienne* ; *la Madeleine aux pieds du Christ*. — 2. MIGNARD (1610-1695) fut élève de Vouet. On a de lui : *Saint Luc peignant la Vierge* ; *sainte Cécile* : *Mme de Maintenon*, etc. — 3. *Brutus* (Licteurs rapportant à Brutus les corps de ses fils); *les Horaces*; ces deux tableaux de David, sont au musée du Louvre.

PREMIÈRE PARTIE

CHAPITRE PREMIER

POUR FAIRE DES TRAGÉDIES QUI PUISSENT INTÉRESSER LE PUBLIC EN 1823, FAUT-IL SUIVRE LES ERREMENTS DE RACINE OU CEUX DE SHAKSPEARE ?

Cette question semble usée en France, et cependant l'on n'y a jamais entendu que les arguments d'un seul parti ; les journaux les plus divisés par leurs opinions politiques, la *Quotidienne*, comme le *Constitutionnel*, ne se montrent d'accord que pour une seule chose, pour proclamer le théâtre français, non seulement le premier théâtre du monde, mais encore le seul raisonnable. Si le pauvre *romanticisme* avait une réclamation à faire entendre, tous les journaux de toutes les couleurs lui seraient également fermés.

Mais cette apparente défaveur ne nous effraye nullement, parce que c'est une affaire de parti. Nous y répondons par un seul fait :

Quel est l'ouvrage littéraire qui a le plus réussi en France depuis dix ans ?

Les romans de Walter Scott [1].

Qu'est-ce que les romans de Walter Scott ?

De la tragédie romantique, entremêlée de longues descriptions.

On nous objectera le succès des *Vêpres siciliennes* [2], du *Paria* [3], des *Machabées* [4], de *Régulus* [5].

Ces pièces font beaucoup de plaisir ; mais elles ne font pas un *plaisir dramatique*. Le public, qui ne jouit pas d'ailleurs d'une extrême liberté, aime à entendre réciter des sentiments généreux exprimés en beaux vers.

---

1. WALTER SCOTT (1771-1832), célèbre romancier écossais. A dix-huit mois, un accident le rendit boiteux ; pour se remettre, il passa sa jeunesse dans les sites les plus pittoresques. Ses études furent médiocres, mais il contait à merveille. Chacun connaît la série de ses romans lus en France avec tant de plaisir : *Rob-Roy, Ivanhoe, Quentin Durward*, etc. — 2. *Vêpres siciliennes*, tragédie en cinq actes de Casimir Delavigne. — 3. *Le Paria*, tragédie en 5 actes et en vers, de Casimir Delavigne ; ce fut un événement politique autant que littéraire ; il contenait des allusions sur l'égalité native de tous les hommes ; (déc. 1821). — 4. *Les Machabées* ou la *Prise de Jérusalem* ; drame en 4 actes, de Cuvelier et Léopold. — 5. *Régulus*, tragédie en vers, de 3 actes, par Arnault, 1822.

Mais c'est là un plaisir *épique*, et non pas dramatique. Il n'y a jamais ce degré d'illusion nécessaire à une émotion profonde. C'est par cette raison ignorée de lui-même, car à vingt ans, quoi qu'on en dise, l'on veut jouir, et non pas raisonner, et l'on fait bien ; c'est par cette raison secrète que le jeune public du second théâtre français se montre si facile sur la fable des pièces qu'il applaudit avec le plus de transports. Quoi de plus ridicule que la fable du *Paria*, par exemple ? Cela ne résiste pas au moindre examen. Tout le monde a fait cette critique, et cette critique n'a pas pris. Pourquoi ? c'est que le public ne veut que de beaux vers. Le public va chercher au Théâtre-Français actuel une suite d'odes bien pompeuses, et d'ailleurs exprimant avec force des sentiments généreux. Il suffit qu'elles soient amenées par quelques vers de liaison. C'est comme dans les ballets de la rue Lepelletier [1] ; l'action doit être faite uniquement pour amener de beaux pas, et pour motiver, tant bien que mal, des danses agréables.

Je m'adresse sans crainte à cette jeunesse égarée qui a cru faire du patriotisme et de l'honneur national en sifflant Shakspeare, parce qu'il fut Anglais. Comme je suis rempli d'estime pour les jeunes gens laborieux, l'espoir de la France, je leur parlerai le langage sévère de la vérité.

Toute la dispute entre Racine et Shakspeare se réduit à savoir si, en observant les deux unités de *lieu* et de *temps*, on peut faire des pièces qui intéressent vivement des spectateurs du dix-neuvième siècle, des pièces qui les fassent pleurer et frémir, ou, en d'autres termes, qui leur donnent des plaisirs *dramatiques*, au lieu des plaisirs *épiques* qui nous font courir à la cinquantième représentation du *Paria* ou de *Régulus*.

Je dis que l'observation des deux unités de *lieu* et de *temps* est une habitude française, *habitude profondément enracinée*, habitude dont nous nous déferons difficilement, parce que Paris est le salon de l'Europe et lui donne le ton ; mais je dis que ces unités ne sont nullement nécessaires à produire l'émotion profonde et le véritable effet dramatique.

Pourquoi exigez-vous, dirai-je aux partisans du *classicisme*, que l'action représentée dans une tragédie ne dure pas plus de vingt-quatre ou de trente-six heures, et que le lieu de la scène ne change pas, ou que du moins, comme le dit Voltaire, les changements de lieu ne s'étendent qu'aux divers appartements d'un palais ?

L'ACADÉMICIEN. — Parce qu'il n'est pas vraisemblable qu'une action représentée en deux heures de temps, comprenne la durée d'une semaine ou d'un mois, ni que, dans

---

1. *Rue Lepelletier*, c'est là qu'avaient lieu les ballets de l'Opéra.

l'espace de peu de moments, les acteurs aillent de Venise en Chypre, comme dans l'*Othello* de Shakspeare ; ou d'Écosse à la cour d'Angleterre, comme dans *Macbeth*.

Le romantique. — Non seulement cela est invraisemblable et impossible ; mais il est impossible également que l'action comprenne vingt-quatre ou trente-six heures [1].

L'académicien. — A Dieu ne plaise que nous ayons l'absurdité de prétendre que la durée fictive de l'action doive correspondre exactement avec le temps *matériel* employé pour la représentation. C'est alors que les règles seraient de véritables entraves pour le génie. Dans les arts d'imitation, il faut être sévère, mais non pas rigoureux. Le spectateur peut fort bien se figurer que, dans l'intervalle des entr'actes, il se passe quelques heures, d'autant mieux qu'il est distrait par les symphonies que joue l'orchestre.

Le romantique. — Prenez garde à ce que vous dites, monsieur, vous me donnez un avantage immense ; vous convenez donc que le spectateur peut *se figurer* qu'il se passe un temps plus considérable que celui pendant lequel il est assis au théâtre. Mais, dites-moi, pourra-t-il se figurer qu'il se passe un temps double du temps réel, triple, quadruple, cent fois plus considérable ? Où nous arrêterons-nous ?

L'académicien. — Vous êtes singuliers, vous autres philosophes modernes : vous blâmez les poétiques, parce que, dites-vous, elles enchaînent le génie ; et actuellement vous voudriez que la règle de l'*unité de temps*, pour être plausible, fût appliquée par nous avec toute la rigueur et toute l'exactitude des mathématiques. Ne vous suffit-il donc pas qu'il soit évidemment contre toute vraisemblance que le spectateur puisse se figurer qu'il s'est passé un an, un mois, ou même une semaine, depuis qu'il a pris son billet, et qu'il est entré au théâtre ?

Le romantique. — Et qui vous a dit que le spectateur ne peut pas se figurer cela ?

L'académicien. — C'est la raison qui me le dit.

Le romantique. — Je vous demande pardon ; la raison ne saurait vous l'apprendre. Comment feriez-vous pour savoir que le spectateur peut se figurer qu'il s'est passé vingt-quatre heures, tandis qu'en effet il n'a été que deux heures assis dans sa loge, si l'expérience ne vous l'enseignait ? Comment pourriez-vous savoir que les heures, qui paraissent si longues à un homme qui s'ennuie, semblent voler pour celui qui s'amuse, si l'expérience ne vous l'enseignait ? En un mot, c'est l'*expérience* seule qui doit décider entre vous et moi.

---

1. Dialogue d'Hermès Visconti dans le *Conciliatore*, Milan, 1818. (Note de l'auteur.)

L'académicien. — Sans doute, l'expérience.

Le romantique. — Eh bien ! l'expérience a déjà parlé contre vous. En Angleterre, depuis deux siècles ; en Allemagne, depuis cinquante ans, on donne des tragédies dont l'action dure des mois entiers, et l'imagination des spectateurs s'y prête parfaitement.

L'académicien. — Là, vous me citez des étrangers, et des Allemands encore !

Le romantique. — Un autre jour, nous parlerons de cette incontestable supériorité que le Français en général, et en particulier l'habitant de Paris, a sur tous les peuples du monde. Je vous rends justice, cette supériorité est *de sentiment* chez vous ; vous êtes des despotes gâtés par deux siècles de flatterie. Le hasard a voulu que ce soit vous, Parisiens, qui soyez chargés de faire les réputations littéraires en Europe ; et une femme d'esprit, connue par son *enthousiasme* pour les beautés de la nature, s'est écriée, pour plaire aux Parisiens : « Le plus beau ruisseau du monde, c'est le ruisseau de la rue du Bac [1] ». Tous les écrivains de bonne compagnie, non seulement de la France, mais de toute l'Europe, vous ont flattés pour obtenir de vous en échange un peu de renom littéraire ; et ce que vous appelez *sentiment intérieur*, *évidence morale*, n'est autre chose que l'évidence morale d'un enfant gâté, en d'autres termes, *l'habitude de la flatterie*.

Mais revenons. Pouvez-vous me nier que l'habitant de Londres ou d'Édimbourg, que les compatriotes de Fox [2] et de Shéridan [3], qui peut-être ne sont pas tout à fait des sots, ne voient représenter, sans en être nullement choqués, des tragédies telles que *Macbeth*, par exemple ? Or, cette pièce, qui, chaque année, est applaudie un nombre infini de fois en Angleterre et en Amérique, commence par l'assassinat du Roi et la fuite de ses fils, et finit par le retour de ces mêmes princes à la tête d'une armée qu'ils ont rassemblée en Angleterre, pour détrôner le sanguinaire Macbeth. Cette série d'actions exige nécessairement plusieurs mois.

L'académicien. — Ah ! vous ne me persuaderez jamais que les Anglais et les Allemands, tout étrangers qu'ils soient, se figurent réellement que des mois entiers se passent tandis qu'ils sont au théâtre.

1. Paroles de M*me* de Staël. — 2. Fox (Charles-Jacques) (1748-1806), homme d'État anglais ; il fut l'un des plus grands orateurs de l'Angleterre. A la tête du parti Whig, il combattit en faveur des colonies américaines, et en 1783, il signa le traité de l'Indépendance américaine. — 3. Shéridan (Richard-Brinsley) (1751-1816), auteur dramatique, était fils d'un acteur. Ses premières pièces : *les Rivaux, le jour de saint Patrice, la Duègne* le mirent en évidence. Sur les conseils de son ami, Fox, il se lança dans la politique, entra à la Chambre des Communes. On lui doit *l'École de la médisance, le Critique*, pièces inspirées par le *Misanthrope* et le *Tartufe* de Molière.

Le romantique. — Comme vous ne me persuaderez jamais que des spectateurs français croient qu'il se passe vingt-quatre heures, tandis qu'ils sont assis à une représentation d'*Iphigénie en Aulide*.

L'académicien, *impatienté*. — Quelle différence !

Le romantique. — Ne nous fâchons pas, et daignez observer avec attention ce qui se passe dans votre tête. Essayez d'écarter pour un moment le voile jeté par l'habitude sur des actions qui ont lieu si vite, que vous en avez presque perdu le pouvoir de les suivre de l'œil et de les voir *se passer*. Entendons-nous sur ce mot *illusion*. Quand on dit que l'imagination du spectateur se figure qu'il se passe le temps nécessaire pour les événements que l'on représente sur la scène, on n'entend pas que l'illusion du spectateur aille au point de croire tout ce temps réellement écoulé. Le fait est que le spectateur, entraîné par l'action, n'est choqué de rien ; il ne songe nullement au temps écoulé. Votre spectateur parisien voit à sept heures précises Agamemnon réveiller Arcas ; il est témoin de l'arrivée d'Iphigénie ; il la voit conduire à l'autel, où l'attend Calchas ; il saurait bien répondre, si on le lui demandait, qu'il a fallu plusieurs heures pour tous ces événements. Cependant, si, durant la dispute d'Achille avec Agamemnon, il tire sa montre, elle lui dit : Huit heures et un quart. Quel est le spectateur qui s'en étonne ? Et cependant la pièce qu'il applaudit a déjà duré plusieurs heures.

C'est que même votre spectateur parisien est accoutumé à voir le temps marcher d'un pas différent sur la scène et dans la salle. Voilà un fait que vous ne pouvez me nier.

Il est clair que, même à Paris, même au Théâtre-Français de la rue de Richelieu, l'imagination du spectateur se prête avec facilité aux suppositions du poète. Le spectateur ne fait naturellement nulle attention aux intervalles de temps dont le poète a besoin, pas plus qu'en sculpture il ne s'avise de reprocher à Dupaty [1] ou à Bosio [2] que leurs figures manquent de mouvement. C'est là une des infirmités de l'art. Le spectateur, quand il n'est pas un pédant, s'occupe uniquement des faits et des développements de passions que l'on met sous ses yeux. Il arrive précisément la même chose dans la tête du Parisien qui applaudit *Iphigénie en Aulide*, et dans celle de l'Écossais qui admire l'histoire de ses anciens

---

1. Dupaty (Henri-Mercier) (1771-1825), né dans la Gironde, abandonna le barreau pour la peinture et la sculpture. On lui doit *Philoctète blessé*, *Vénus*, *Pomone*, *Louis XIII* sur la place Royale. — 2. Joseph Bosio (1768-1845), sculpteur, né à Monaco, fut l'élève de Pajou, puis se perfectionna en Italie. Citons : les vingt bas-reliefs de la colonne Vendôme, *l'Amour lançant des traits*, la statue du *Roi de Rome*, la statue de *Louis XIV*, place des Victoires, le *Quadrige* en bronze qui décore l'arc de triomphe du Carrousel.

rois, Macbeth et Duncan. La seule différence, c'est que le Parisien, enfant de bonne maison, a pris l'habitude de se moquer de l'autre.

L'ACADÉMICIEN. — C'est-à-dire que, suivant vous, l'illusion théâtrale serait la même pour tous deux ?

LE ROMANTIQUE. — Avoir des illusions, être dans l'*illusion*, signifie se tromper, à ce que dit le Dictionnaire de l'Académie. Une *illusion*, dit M. Guizot, est l'effet d'une chose ou d'une idée qui nous déçoit par une apparence trompeuse. *Illusion* signifie donc l'action d'un homme qui croit la chose qui n'est pas, comme dans les rêves, par exemple. L'illusion théâtrale, ce sera l'action d'un homme qui croit véritablement existantes les choses qui se passent sur la scène.

L'année dernière (août 1822), le soldat qui était en faction dans l'intérieur du théâtre de Baltimore, voyant Othello qui, au cinquième acte de la tragédie de ce nom, allait tuer Desdemona, s'écria : « Il ne sera jamais dit qu'en ma présence un maudit nègre aura tué une femme blanche ». Au même moment, le soldat tire son coup de fusil, et casse un bras à l'acteur qui faisait Othello. Il ne se passe pas d'année sans que les journaux ne rapportent des faits semblables. Eh bien ! ce soldat avait de l'*illusion*, croyait vraie l'action qui se passait sur la scène. Mais un spectateur ordinaire, dans l'instant le plus vif de son plaisir, au moment où *il applaudit* avec transport Talma [1]-Manlius [2] disant à son ami : « Connais-tu cet écrit ? » par cela seul qu'il applaudit, n'a pas l'*illusion complète*, car il applaudit Talma, et non pas le Romain Manlius ; Manlius ne fait rien de digne d'être applaudi, son action est fort simple et tout à fait dans son intérêt.

L'ACADÉMICIEN. — Pardonnez-moi, mon ami ; mais ce que vous me dites là est un lieu commun.

LE ROMANTIQUE. — Pardonnez-moi, mon ami ; mais ce que vous me dites là est la défaite d'un homme qu'une longue habitude de se payer de phrases élégantes a rendu incapable de raisonner d'une manière serrée.

Il est impossible que vous ne conveniez pas que l'illusion que l'on va chercher au théâtre n'est pas une illusion parfaite. L'illusion *parfaite* était celle du soldat en faction au théâtre de Baltimore. Il est impossible que vous ne conveniez pas que les spectateurs savent bien qu'ils sont au théâtre, et qu'ils assistent à la représentation d'un ouvrage d'art, et non pas à un fait vrai.

L'ACADÉMICIEN. — Qui songe à nier cela ?

---

1. TALMA (1763-1826), célèbre acteur, eut toutes les faveurs de Napoléon, qui le fit jouer à Erfurt devant *un parterre de rois*. — 2. *Manlius*, tragédie de LAFOSSE d'AUBIGNY.

LE ROMANTIQUE. — Vous m'accordez donc l'*illusion imparfaite ?* Prenez garde à vous.

Croyez-vous que, de temps en temps, par exemple, deux ou trois fois dans un acte, et à chaque fois durant une seconde ou deux, l'illusion soit complète ?

L'ACADÉMICIEN. — Ceci n'est point clair. Pour vous répondre, j'aurais besoin de retourner plusieurs fois au théâtre, et de me voir agir.

LE ROMANTIQUE. — Ah ! voilà une réponse charmante et pleine de bonne foi. On voit bien que vous êtes de l'Académie, et que vous n'avez plus besoin des suffrages de vos collègues pour y arriver. Un homme qui aurait à faire sa réputation de littérateur instruit se donnerait bien garde d'être si clair et de raisonner d'une manière si précise. Prenez garde à vous ; si vous continuez à être de bonne foi, nous allons être d'accord.

Il me semble que ces moments d'*illusion parfaite* sont plus fréquents qu'on ne le croit en général, et surtout qu'on ne l'admet pour vrai dans les discussions littéraires. Mais ces moments durent infiniment peu, par exemple une demi-seconde, ou un quart de seconde. On oublie bien vite Manlius pour ne voir que Talma ; ils ont plus de durée chez les jeunes femmes, et c'est pour cela qu'elles versent tant de larmes à la tragédie.

Mais recherchons dans quels moments de la tragédie le spectateur peut espérer de rencontrer ces instants délicieux d'*illusion parfaite.*

Ces instants charmants ne se rencontrent ni au moment d'un changement de scène, ni au moment précis où le poète fait sauter douze ou quinze jours au spectateur, ni au moment où le poète est obligé de placer un long récit dans la bouche d'un de ses personnages, uniquement pour informer le spectateur d'un fait antérieur, et dont la connaissance lui est nécessaire, ni au moment où arrivent trois ou quatre vers admirables, et remarquables *comme vers.*

Ces instants délicieux et si rares d'*illusion parfaite* ne peuvent se rencontrer que dans la chaleur d'une scène animée, lorsque les répliques des acteurs se pressent ; par exemple, quand Hermione dit à Oreste, qui vient d'assassiner Pyrrhus par son ordre :

Qui te l'a dit ?

Jamais on ne trouvera ces moments d'*illusion parfaite*, ni à l'instant où un meurtre est commis sur la scène, ni quand des gardes viennent arrêter un personnage pour le conduire en prison. Toutes ces choses, nous ne pouvons les croire véritables, et jamais elles ne produisent d'illusion.

Ces morceaux ne sont faits que pour amener les scènes durant lesquelles les spectateurs rencontrent ces demi-secondes si délicieuses ; or, je dis que ces courts moments d'*illusion parfaite se trouvent plus souvent dans les tragédies de Shakspeare que dans les tragédies de Racine.*

Tout le plaisir que l'on trouve au spectacle tragique dépend de la fréquence de ces petits moments d'illusion, *et de l'état d'émotion où, dans leurs intervalles, ils laissent l'âme du spectateur.*

Une des choses qui s'opposent le plus à la naissance de ces moments d'illusion, c'est l'admiration, quelque juste qu'elle soit d'ailleurs, pour les beaux vers d'une tragédie.

C'est bien pis, si l'on se met à vouloir juger des *vers* d'une tragédie. Or c'est justement là la situation de l'âme du spectateur parisien, lorsqu'il va voir, pour la première fois, la tragédie si vantée du *Paria.*

Voilà la question du *romanticisme* réduite à ses derniers termes. Si vous êtes de mauvaise foi, ou si vous êtes insensible, ou si vous êtes pétrifié par Laharpe [1], vous me nierez mes petits moments d'illusion parfaite.

Et j'avoue que je ne puis rien vous répondre. Vos sentiments ne sont pas quelque chose de matériel que je puisse extraire de votre propre cœur, et mettre sous vos yeux pour vous confondre.

Je vous dis : Vous devez avoir tel sentiment en ce moment ; tous les hommes généralement bien organisés éprouvent tel sentiment en ce moment. Vous me répondrez : Pardonnez-moi le mot, *cela n'est pas vrai.*

Moi, je n'ai rien à ajouter. Je suis arrivé aux derniers confins de ce que la logique peut saisir dans la poésie.

L'ACADÉMICIEN. — Voilà une métaphysique abominablement obscure ; et croyez-vous, avec cela, faire siffler Racine ?

LE ROMANTIQUE. — D'ailleurs, il n'y a que des charlatans qui prétendent enseigner l'algèbre sans peine, ou arracher une dent sans douleur. La question que nous agitons est une des plus difficiles dont puisse s'occuper l'esprit humain.

Quant à Racine, je suis bien aise que vous ayez nommé ce grand homme. L'on a fait de son nom une injure pour nous ; mais sa gloire est impérissable. Ce sera toujours l'un des plus grands génies qui aient été livrés à l'étonnement et à l'admiration des hommes. César en est-il un moins grand général, parce que, depuis ses campagnes contre nos

---

1. Jean-François DE LAHARPE (1739-1803), écrivain et critique. Il fit de brillantes études ; sa tragédie de *Warwick* fut bien accueillie et il reçut les encouragements de Voltaire. Ses pièces suivantes eurent peu de succès. Il se tourna du côté de la critique ; son esprit caustique et mordant l'y disposait. Pendant longtemps il fut considéré comme le Quintilien français, mais sa critique étroite et mesquine ne fait plus autorité.

ancêtres les Gaulois, on a inventé la poudre à canon ? Tout ce que nous prétendons, c'est que si César revenait au monde, son premier soin serait d'avoir du canon dans son armée. Dira-t-on que Catinat ou Luxembourg sont de plus grands capitaines que César, parce qu'ils avaient un parc d'artillerie et prenaient en trois jours des places qui auraient arrêté les légions romaines pendant un mois ? Ç'aurait été un beau raisonnement à faire à François Ier, à Marignan, que de lui dire : Gardez-vous de vous servir de votre artillerie, César n'avait pas de canons ; est-ce que vous vous croiriez plus habile que César ?

Si des gens d'un talent incontestable, tels que MM. Chénier [1], Lemercier [2], Delavigne [3], eussent osé s'affranchir des règles dont on a reconnu l'absurdité depuis Racine, ils nous auraient donné mieux que *Tibère* [4], *Agamemnon* [5] ou *les Vêpres siciliennes*. *Pinto* [6] n'est-il pas cent fois supérieur à *Clovis*[7], *Orovèse* [8], *Cyrus* [9], ou telle autre tragédie fort régulière de M. Lemercier ?

Racine ne croyait pas que l'on pût faire la tragédie autrement. S'il vivait de nos jours, et qu'il osât suivre les règles nouvelles, il ferait cent fois mieux qu'*Iphigénie*. Au lieu de n'inspirer que de l'admiration, sentiment un peu froid, il ferait couler des torrents de larmes. Quel est l'homme un peu éclairé qui n'a pas plus de plaisir à voir aux Français la *Marie Stuart* de M. Lebrun [10] que le *Bajazet* de Racine ? Et pourtant les vers de M. Lebrun sont bien faibles ; l'immense différence dans la quantité de plaisir vient de ce que M. Lebrun a osé être à demi romantique.

L'ACADÉMICIEN. — Vous avez parlé longtemps ; peut-être

---

1. Marie-Joseph DE CHÉNIER (1764-1871), frère d'André, d'abord militaire, s'adonna bien vite à la littérature. Il acquit sa réputation avec sa tragédie de *Charles IX*. Il donna *Henri VIII*, *Gracchus*, *Fénelon*. Toutes ses œuvres contiennent un souffle révolutionnaire. — 2. Népomucène LEMERCIER (1771-1840) débuta à dix-sept ans par une tragédie : *Méléagre*. Ses meilleures pièces sont : *Agamemnon*, *Pinto*, *la Journée des Dupes*. — 3. Casimir DELAVIGNE (1793-1843). En 1811, une pièce en vers sur la naissance du Roi de Rome le mit en vue. Plus tard, il écrivit : *les Messéniennes*, *les Vêpres siciliennes*. Bien que Delavigne soit classique, il a parfois essayé de concilier le classicisme et le romantisme ; *Marino Faliero* est un pas vers le romantisme. — 4. *Tibère*, tragédie de Chénier ; frappée d'interdiction après une lecture faite par Talma devant Napoléon. — 5. *Agamemnon*, tragédie en 5 actes, de Lemercier. — 6. *Pinto* ou *La Journée d'une Conspiration*, comédie en 5 actes, de Lemercier, 1800. — 7. *Clovis*, tragédie en 5 actes, en vers, de Lemercier. — 8. *Orovèse*, tragédie de Lemercier, 1803. — 9. *Cyrus*, tragédie de Chénier, 1804, écrite sur les conseils de Fouché. — 10. Pierre-Antoine LEBRUN (1785-1863), poète dramatique. En 1805, il était Saint-Cyrien ; une *Ode à la Grande Armée* lui valut de Napoléon 6.000 francs de pension, qui furent réduits à 1.200 quand l'Empereur apprit qu'elle n'était point de Lebrun-Pindare(1729-1807), poète lyrique. Le chef-d'œuvre de P. Lebrun, *Marie Stuart*, tragédie en 5 actes, en vers, **n'est guère qu'une adaptation de la pièce de Schiller ; quelques passages même ont été traduits. Elle fut représentée aux Français, le 6 mars 1820.**

avez-vous bien parlé, mais vous ne m'avez pas convaincu du tout.

Le romantique. — Je m'y attendais. Mais aussi voilà un entr'acte un peu long qui va finir, la toile se relève. Je voulais chasser l'ennui en vous mettant un peu en colère. Convenez que j'ai réussi.

Ici finit le dialogue des deux adversaires, dialogue dont j'ai été réellement témoin au parterre de la rue Chantereine, et dont il ne tiendrait qu'à moi de nommer les interlocuteurs. Le romantique était poli ; il ne voulait pas pousser l'aimable académicien, beaucoup plus âgé que lui ; autrement il aurait ajouté : Pour pouvoir encore lire dans son propre cœur ; pour que le voile de l'habitude puisse se déchirer ; pour pouvoir se mettre en expérience pour les moments d'*illusion parfaite* dont nous parlons, il faut encore avoir l'âme susceptible d'impressions vives, il faut n'avoir pas quarante ans.

Nous avons des habitudes ; choquez ces habitudes, et nous ne serons sensibles pendant longtemps qu'à la contrariété qu'on nous donne. Supposons que Talma se présente sur la scène, et joue Manlius avec les cheveux poudrés à blanc et arrangés en ailes de pigeon, nous ne ferons que rire tout le temps du spectacle. En sera-t-il moins sublime au fond ? Non ; mais nous ne verrons pas ce sublime. Or Lekain[1] eût produit *exactement le même effet* en 1760, s'il se fût présenté sans poudre pour jouer ce même rôle de Manlius. Les spectateurs n'auraient été sensibles pendant toute la durée du spectacle qu'à *leur habitude choquée.* Voilà précisément où nous en sommes en France pour Shakspeare. Il contrarie un grand nombre de ces habitudes ridicules que la lecture assidue de Laharpe et des autres petits rhéteurs musqués du dix-huitième siècle nous a fait contracter. Ce qu'il y a de pis, c'est que nous mettons de la *vanité* à soutenir que ces mauvaises habitudes sont fondées sur la nature.

Les jeunes gens peuvent revenir encore de cette erreur d'amour-propre. Leur âme étant susceptible d'impressions vives, le plaisir peut leur faire oublier la vanité ; or, c'est ce qu'il est impossible de demander à un homme de plus de quarante ans. Les gens de cet âge à Paris ont pris leur parti sur toutes choses, et même sur des choses d'une bien autre importance que celle de savoir si, pour faire des tragédies intéressantes en 1823, il faut suivre le système de Racine ou celui de Shakspeare.

---

1. Lekain (1729-1778), célèbre tragédien. Bien qu'il eût la voix sourde, il aborda le théâtre. Il fut magnifique dans les rôles d'Oreste, de Néron, de Mahomet. On a publié ses *Mémoires* et sa *Correspondance* avec Voltaire.

CHAPITRE II

LE RIRE

Que feriez-vous, monsieur, du nez d'un marguillier ?
REGNARD [1].

Un prince d'Allemagne [2], connu par son amour pour les lettres, vient de proposer un prix pour la meilleure dissertation philosophique sur le *rire*. J'espère que le prix sera remporté par un Français. Ne serait-il pas ridicule que nous fussions vaincus dans cette carrière ? Il me semble que l'on fait plus de plaisanteries à Paris pendant une seule soirée que dans toute l'Allemagne en un mois.

C'est cependant en allemand qu'est écrit le programme concernant le *rire*. Il s'agit d'en faire connaître la nature et les nuances ; il faut répondre clairement et nettement à cette question ardue : *Qu'est-ce que le rire ?*

Le grand malheur, c'est que les juges sont des Allemands ; il est à craindre que quelques demi-pensées disséminées élégamment en vingt pages de phrases académiques et de périodes savamment cadencées ne paraissent que du vide à ces juges grossiers. C'est un avertissement que je crois devoir à ces jeunes écrivains simples avec tant de recherche, naturels avec tant de manière, éloquents avec si peu d'idées.

La gloire du distique et l'espoir du quatrain.

Ici il faut trouver des idées, ce qui est assurément fort impertinent. Ces Allemands sont si barbares [2] !

Qu'est-ce que le *rire ?* Hobbes [3] répond : *Cette convulsion physique, que tout le monde connaît, est produite par la vue imprévue de notre supériorité sur autrui.*

Voyez passer ce jeune homme paré avec tant de recherche : il marche sur la pointe du pied ; sur sa figure épanouie se lisent également, et la certitude des succès, et le contentement de soi-même ; il va au bal ; le voilà déjà sous la porte cochère, encombrée de lampions et de laquais ; il volait au plaisir, il tombe et se relève couvert de boue de la tête aux pieds ; ses gilets, jadis blancs et d'une coupe si savante, sa cravate

---

1. *Ménechmes*, act. III, scène IX.
2. A l'époque où écrivait Stendhal, on commençait à avoir pour les Allemands la plus profonde admiration. — 3. HOBBES (1588-1679), philosophe anglais matérialiste.

nouée si élégamment, tout cela est rempli d'une boue noire et fétide. Un éclat de *rire* universel sort des voitures qui suivaient la sienne ; le *suisse* sur sa porte se tient les côtes, la foule des laquais rit aux larmes et fait cercle autour du malheureux.

Il faut que le comique soit exposé avec clarté ; il est nécessaire qu'il y ait une vue nette de notre supériorité sur autrui.

Mais cette supériorité est une chose si futile et si facilement anéantie par la moindre réflexion, qu'il faut que la vue nous en soit présentée d'une manière imprévue.

Voici donc deux conditions du comique : la *clarté* et l'*imprévu*.

Il n'y a plus de *rire* si le désavantage de l'homme aux dépens duquel on prétendait nous égayer nous fait songer, dès le premier moment, que nous aussi nous pouvons rencontrer le malheur.

Que le beau jeune homme qui allait au bal, et qui est tombé dans un tas de boue, ait la malice, en se relevant, de traîner la jambe, et de faire soupçonner qu'il s'est blessé dangereusement, en un clin d'œil le rire cesse, et fait place à la terreur.

C'est tout simple, il n'y a plus jouissance de notre supériorité, il y a au contraire vue du malheur pour nous : en descendant de voiture, je puis aussi me casser la jambe.

Une plaisanterie douce fait rire aux dépens du plaisanté ; une plaisanterie *trop bonne* ne fait plus rire : on frémit en songeant à l'affreux malheur du plaisanté.

Voilà deux cents ans que l'on fait des plaisanteries en France ; il faut donc que la plaisanterie soit très fine, autrement on l'entend dès le premier mot, partant plus d'imprévu.

Autre chose : il faut que j'accorde un certain degré d'estime à la personne aux dépens de laquelle on prétend me faire rire. Je prise beaucoup le talent de M. Picard [1] ; cependant, dans plusieurs de ses comédies, les personnages destinés à nous égayer ont des mœurs si basses, que je n'admets aucune comparaison d'eux à moi ; je les méprise parfaitement aussitôt qu'ils ont dit quatre phrases. On ne peut plus rien m'apprendre de ridicule sur leur compte.

Un imprimeur de Paris avait fait une tragédie sainte, intitulée *Josué*. Il l'imprima avec tout le luxe possible, et l'envoya au célèbre Bodoni, son confrère, à Parme. Quelque temps après, l'imprimeur-auteur fit un voyage en Italie ; il alla voir son ami Bodoni : « Que pensez-vous de ma tragédie

---

1. Louis-Benoît Picard (1769-1828), auteur dramatique et romancier français. Fils d'un avocat au Parlement, il voulut débuter comme acteur. Il fut ensuite directeur de l'Odéon ; collabora avec Duval, Chéron Desfontaines, pour donner nombre de comédies.

de *Josué ?* — Ah ! que de beautés ! — Il vous semble donc que cet ouvrage m'vaudra quelque gloire ? — Ah ! cher ami, il vous immortalise. — Et les caractères, qu'en dites-vous ? — Sublimes et parfaitement soutenus, surtout les majuscules. »

Bodoni [1], enthousiaste de son art, ne voyait, dans la tragédie de son ami, que la beauté des *caractères d'imprimerie*. Ce conte me fit rire beaucoup plus qu'il ne le mérite. C'est que je connais l'auteur de *Josué* et l'*estime infiniment ;* c'est un homme sage, de bonnes manières et même d'esprit, rempli de talents pour le commerce de la librairie. Enfin je ne lui vois d'autres défauts qu'un peu de vanité, justement la passion aux dépens de laquelle la naïve réponse de Bodoni me fait rire.

Le *rire fou* que nous *cueillons* sur le *Falstaff* de Shakspeare lorsque, dans son récit au prince Henri (qui fut depuis le fameux roi Henri V), il s'enfile dans le conte des vingt coquins sortis des quatre coquins en habits de *bougran*, ce rire n'est délicieux que parce que *Falstaff* est un homme d'infiniment d'esprit et fort gai. Nous ne rions guère, au contraire, des sottises du père Cassandre ; notre supériorité sur lui est une chose trop reconnue d'avance.

Il entre de la vengeance d'ennui dans le *rire* qui nous est inspiré par un fat comme *M. Maclou de Beaubuisson* (du *Comédien d'Étampes* [2]).

J'ai remarqué que, dans la société, c'est presque toujours d'un air méchant, *et non pas d'un air gai*, qu'une jolie femme dit d'une autre femme qui danse : *Mon Dieu, qu'elle est ridicule !* Traduisez *ridicule* par *odieuse*....

Comme le ridicule est une grande punition parmi les Français, ils rient souvent par vengeance. Ce *rire-là* ne fait rien à l'affaire, ne doit pas entrer dans notre analyse : il fallait seulement le signaler en passant. Tout *rire affecté*, par cela seul, ne signifie rien ; c'est comme l'*opinion* de l'abbé Morellet [3] en faveur des dîmes et du prieuré de *Thimer*.

Il n'est personne qui ne connaisse cinq ou six cents excellents contes qui circulent dans la société : l'on rit toujours à cause de la *vanité désappointée*. Si le conte est fait d'une manière trop prolixe, si le conteur emploie trop de paroles et s'arrête à peindre trop de détails, l'esprit de l'auditeur

1. Jean-Baptiste BODONI (1740-1813) fut un typographe célèbre, né en Piémont. Le duc de Parme lui confia une imprimerie ; son *Homère* et son *Anacréon* sont regardés comme des chefs-d'œuvre. — 2. *Comédien d'Étampes*, en vers, un acte, par Sewrin et Moreau. — 3. L'abbé André MORELLET (1727-1819), littérateur français, naquit à Lyon. Il fut un des habitués du salon de Mme Geoffrin et un ami des encyclopédistes ; écrivit de nombreux articles dans le *Dictionnaire*. Ses ouvrages ont eu une grande influence sur Mme de Staël. Il a beaucoup produit, entre autres : *Lettres sur la police des grains, Mélange de littérature et de philosophie*.

devine la chute vers laquelle on le conduit trop lentement ; il n'y a plus de *rire*, parce qu'il n'y a plus d'imprévu.

Si, au contraire, le conteur sabre son histoire et se précipite vers le dénoûment, il n'y a pas *rire*, parce qu'il n'y a pas l'extrême clarté qu'il faut. Remarquez que très souvent le narrateur répète deux fois les cinq ou six mots qui font le dénoûment de son histoire ; et, s'il sait son métier, s'il a l'art charmant de n'être ni obscur ni trop clair, la moisson de *rire* est beaucoup plus considérable à la seconde répétition qu'à la première.

L'*absurde*, poussé à l'extrême, fait souvent *rire* et donne une gaieté vive et délicieuse. Tel est le secret de Voltaire dans sa diatribe du docteur *Akakia* et dans ses autres pamphlets. Le docteur Akakia, c'est-à-dire Maupertuis [1], dit lui-même les absurdités qu'un malin pourrait se permettre pour se moquer de ses systèmes. Ici, je sens bien qu'il faudrait des citations ; mais je n'ai pas un seul livre français dans ma retraite de Montmorency. J'espère que la mémoire de mes lecteurs, si j'en ai, voudra bien se rappeler ce volume charmant de leur édition de Voltaire, intitulé *Facéties* [2], et dont je rencontre souvent dans le *Miroir* [3] des imitations fort agréables.

Voltaire porta au théâtre cette habitude de mettre dans la bouche même des personnages comiques la description vive et brillante du ridicule qui les travaille, et ce grand homme dut être bien surpris de voir que personne ne riait. C'est qu'il est par trop contre nature qu'un homme se moque si clairement de soi-même. Quand, dans la société, nous nous donnons des ridicules exprès, c'est encore par excès de vanité ; nous volons ce plaisir à la malignité des gens dont nous avons excité l'envie.

Mais fabriquer un personnage comme *Fier-en-Fat*, ce n'est pas peindre les faiblesses du cœur humain, c'est tout simplement faire réciter, *à la première personne*, les phrases burlesques d'un pamphlet, et leur donner la vie.

N'est-il pas singulier que Voltaire, si plaisant dans la satire et dans le roman philosophique, n'ait jamais pu faire une scène de comédie qui fît *rire ?* Carmontelle [4], au con-

---

1. Pierre-Louis-Moreau de MAUPERTUIS (1698-1759), naquit à St-Malo. Il fut géomètre et philosophe. Son goût pour les sciences l'emporta ; il entra à l'Académie des Sciences, et Frédéric II le nomma président de l'Académie de Berlin. La diatribe de Voltaire le blessa au vif. On lui doit: *Commentaires sur les principes de Newton, Discours sur la figure des astres*, etc... — 2. *Facéties :* celles de l'auteur, dans l'édition Garnier, 1885, sont fondues dans les *Mélanges* à la date de leur publication (t. 22-26). Anciennes facéties italiennes, t. XXVI. — 3. *Miroir*, petit journal fort libéral et fort spirituel. — 4. Louis Carrogis, dit CARMONTELLE (1717-1806), auteur dramatique. Il était ordonnateur des fêtes du duc d'Orléans. Esprit fin et léger, on a de lui de petites pièces : *Proverbes dramatiques, Théâtre de campagne*.

traire, n'a pas un proverbe où l'on ne trouve ce talent. Il avait trop de naturel, ainsi que Sedaine [1] ; il leur manquait l'esprit de Voltaire, qui, en ce genre, n'avait que de l'esprit.

Les critiques étrangers ont remarqué qu'il y a toujours un fond de *méchanceté* dans les plaisanteries les plus gaies de *Candide* et de *Zadig*. Le riche Voltaire se plaît à clouer nos regards sur la vue des malheurs inévitables de la pauvre nature humaine.

La lecture de Schlegel [2] et de Dennis [3] m'a porté au mépris des critiques français, Laharpe [4], Geoffroy [5], Marmontel [6], et au mépris de tous les critiques. Ces pauvres gens, impuissants à créer, prétendent à l'esprit, et ils n'ont point d'esprit. Par exemple, les critiques français proclament Molière le premier des comiques présents, passés et futurs. Il n'y a là dedans de vrai que la première assertion. Assurément Molière, homme de génie, est supérieur à ce benêt qu'on admire dans les *Cours de littérature*, et qui s'appelle Destouches [7].

Mais Molière est inférieur à Aristophane [8].

Seulement, le *comique* est comme la musique : c'est une chose dont *la beauté ne dure pas*. La comédie de Molière est trop imbibée de *satire* pour me donner souvent la sensation du *rire gai*, si je puis parler ainsi. J'aime à trouver, quand je vais me délasser au théâtre, une imagination folle qui me fasse rire comme un enfant.

Tous les sujets de Louis XIV se piquaient d'imiter un certain modèle, pour être élégants et de bon ton, et Louis XIV lui-même fut le dieu de cette religion. Il y avait un *rire amer* quand on voyait son voisin se tromper dans

1. Michel-Jean SEDAINE (1729-1797), auteur dramatique. N'ayant aucune ressource, il se fit tailleur de pierre ; bientôt il se fit remarquer par ses pièces de vers : *Epître à mon habit*, puis aborda le théâtre : citons *le philosophe sans le savoir*. — 2. SCHLEGEL, probablement Guillaume-Auguste, car il eut un frère, G. Frédéric ; tous deux sont des critiques allemands. Le premier prit part au mouvement littéraire de son époque ; il chercha à créer une littérature originale. Les critiques de la *Phèdre* de Racine montrent son injustice. — 3. DENNIS John (1657-1733), critique anglais, né à Londres, connu par l'âpreté de ses critiques contre les poètes contemporains. — 4. LAHARPE. Cf. p. 12. — 5. Lubin-Louis GEOFFROY (1743-1814), critique français ; il naquit à Rennes ; ses succès universitaires furent éclatants. Il rédigea l'*Année littéraire*, l'*Ami du Roi*. Attaqua les encyclopédistes, Voltaire, Chénier. — 6. Jean-François MARMONTEL (1723-1799). Lié de bonne heure avec Voltaire, il se lança dans le théâtre, mais sa réputation est due aux *Contes moraux*. Ses opéras-comiques eurent beaucoup de succès : *le Huron*, *Sylvain*, etc.; on lui doit encore les *Incas*, poème en prose. — 7. Philippe Néricault DESTOUCHES (1672-1754), poète comique, né à Tours. Ses œuvres les plus remarquables sont : *le philosophe marié* et *le glorieux*. — 8. ARISTOPHANE (450-380 av. J.-C.), le plus célèbre des poètes comiques. Son esprit caustique, sa verve inépuisable lui firent aborder une multitude de sujets ; il persifla les personnages de leur vivant ; aussi de nombreuses allusions nous échappent. Citons de lui : *les Nuées*, *les Acharniens*, *les Grenouilles*, *les Guêpes*.

l'imitation du modèle. C'est là toute la gaieté des *Lettres de madame de Sévigné*. Un homme, dans la comédie ou dans la vie réelle, qui se fût avisé de suivre librement, et sans songer à rien, les élans d'une imagination folle, au lieu de faire rire la société de 1670, eût passé pour fou [1].

Molière, homme de génie s'il en fut, a eu le malheur de travailler pour cette société-là.

Aristophane, au contraire, entreprit de faire rire une société de gens aimables et légers qui cherchaient le bonheur *par tous les chemins*. Alcibiade [2] songeait fort peu, je crois, à imiter qui que ce fût au monde ; il s'estimait heureux quand il riait, et non pas quand il avait la jouissance d'orgueil de se sentir bien semblable à Lauzun [3], à d'Antin [4], à Villeroy [5], ou à tel autre courtisan célèbre de Louis XIV.

Nos cours de littérature nous ont dit au collège que l'on rit à Molière, et nous le croyons, parce que nous restons toute notre vie, en France, des hommes de collège pour la littérature. J'ai entrepris d'aller à Paris toutes les fois que l'on donne aux Français des comédies de Molière ou d'un auteur estimé. Je marque avec un crayon, sur l'exemplaire que je tiens à la main, les endroits précis où l'on rit, et de quel genre est ce *rire*. L'on rit, par exemple, quand un acteur prononce le mot de *lavement* ou de *mari trompé*; mais c'est le rire par scandale ; ce n'est pas celui que Laharpe nous annonce.

Le 4 décembre 1822, l'on donnait *Tartuffe;* mademoiselle Mars [6] jouait ; rien ne manquait à la fête. Eh bien ! dans tout *Tartuffe*, on n'a ri que deux fois, sans plus, et encore fort légèrement. L'on a plusieurs fois applaudi à la vigueur de la satire ou à cause des allusions ; mais on n'a ri, le 4 décembre,

1º Que quand Orgon, parlant à sa fille Marianne de son

---

1. Le Théâtre de la foire de Regnard, Lesage et Dufresny, n'a aucun rang en littérature ; peu de gens l'ont lu. Il en est de même de Scarron et Hauteroche. (Note de l'auteur.) — 2. ALCIBIADE (450-404 av. J.-C.), neveu de Périclès. Il eut à la fois toutes les vertus et tous les vices. Pendant quelque temps, il fut disciple de Socrate, mais se livra bientôt à tous les excès. Cf. sa vie dans Plutarque et Cornélius Népos. — 3. Antoine de Caumont, duc de LAUZUN (1633-1723), gentilhomme de Gascogne. Il fut sur le point d'épouser la Grande-Mademoiselle, fille de Gaston d'Orléans. Le Roi s'opposa à cette union ; il l'épousa secrètement plus tard, quand il sortit de prison. — 4. Louis-Antoine de PARDAILLAN DE GONDRIN, marquis d'ANTIN, fils de M. et de Mme de Montespan (1665-1736), fut le type du parfait courtisan. Il a laissé des *Mémoires*. — 5. François de Neufville, duc de VILLEROY (1644-1730), avait été élevé avec Louis XIV. Le Roi le combla de ses faveurs. Brave devant le danger, il montra comme chef une incapacité déplorable. Il perdit la bataille de Ramillies, 1705, qui nous enleva les Pays-Bas. — 6. Mlle Anne-Françoise Boutet MARS, fille de l'acteur Boutet de Montvel ; ses débuts furent difficiles. Elle fut inimitable dans les rôles de grandes coquettes, Célimène, Elmire.

mariage avec Tartuffe (IIe acte), découvre Dorine près de lui, qui l'écoute ;

2° L'on a ri, dans la scène de brouille et de raccommodement entre Valère et Marianne, à une réflexion maligne que Dorine fait sur l'amour.

Étonné qu'on eût si peu ri à ce chef-d'œuvre de Molière, j'ai fait part de mon observation à une société de gens d'esprit : ils m'ont dit que je me trompais.

Quinze jours après, je retourne à Paris pour voir *Valérie* [1] ; l'on donnait aussi les *Deux Gendres*, comédie célèbre de M. Étienne [2]. Je tenais mon exemplaire et mon crayon à la main : l'on n'a ri exactement *qu'une seule fois* ; c'est quand le gendre, conseiller d'État et qui va être ministre, dit au petit cousin qu'il a lu son placet. Le spectateur rit, parce qu'il a fort bien vu le petit cousin déchirer ce placet, qu'il arrache des mains d'un laquais auquel le conseiller d'État l'a remis sans le lire.

Si je ne me trompe, le spectateur sympathise avec la tentation de *rire fou* que le petit cousin dissimule, par honnêteté, en s'entendant faire des compliments sur le contenu d'un placet qu'il sait bien avoir déchiré sans qu'on l'ait lu. J'ai dit à mes gens d'esprit qu'on n'avait ri que cette seule fois aux *Deux Gendres* ; ils m'ont répondu que c'était une fort bonne comédie, et qui avait un grand mérite de composition. Ainsi soit-il ! mais le rire n'est donc pas nécessaire pour faire une fort bonne comédie française.

Serait-ce, par hasard, qu'il faut simplement un peu d'action fort raisonnable, mêlée à une assez forte dose de satire, le tout coupé en dialogue, et traduit en vers alexandrins spirituels, faciles et élégants ? Les *Deux Gendres*, écrits en vile prose, auraient-ils pu réussir ?

Serait-ce que, comme notre tragédie n'est qu'une suite d'*odes* [3] entremêlées de narrations *épiques* [4], que nous aimons à voir déclamer à la scène par Talma, de même, notre comédie ne serait, depuis Destouches et Collin d'Harleville [5], qu'une *épître* badine, fine, spirituelle, que nous aimons à

---

1. *Valérie*, comédie en trois actes de Scribe et Mélesville, 1822. — 2. Étienne (1777-1845), auteur dramatique et publiciste. — 3. Monologue du *Paria*, de *Régulus*, des *Machabées*. — 4. Récits d'Oreste dans *Andromaque*. Quel peuple n'a pas ses préjugés littéraires ? Voyez les Anglais ne proscrire que comme antiaristocratique cette plate amplification de collège intitulée *Caïn Mystère*, par lord Byron. (Note de l'auteur.) — 5. Jean-François Collin d'Harleville (1755-1806), poète comique. Sa première pièce : *l'Inconstant*, fut un succès. Il est l'auteur des *Châteaux en Espagne*, de *M. de Crac*, du *Vieux célibataire*. (Note de l'auteur.)

Il dépend de la police de Paris d'arrêter la décadence de l'art dramatique. Elle doit employer sa toute-puissance à faire qu'aux deux premières représentations des ouvrages nouveaux joués aux grands théâtres, il n'y ait absolument aucun billet donné. (Note de l'auteur.)

entendre lire, sous forme de dialogue, par mademoiselle Mars et Damas [1] ?

Nous voici bien loin du *rire*, me dira-t-on ; vous faites un article de littérature *ordinaire*, comme M. C. dans le feuilleton des *Débats*.

Que voulez-vous ? c'est que, bien que je ne sois pas encore de la société des *Bonnes-Lettres*, je suis un ignorant, et de plus j'ai entrepris de parler sans avoir une idée ; j'espère que cette noble audace me fera recevoir aux *Bonnes-Lettres*.

Ainsi que le dit fort bien le programme allemand, le *rire* exige réellement, pour être connu, une dissertation de cent cinquante pages, et encore faut-il que cette dissertation soit plutôt écrite en style de chimie qu'en style d'académie.

Voyez ces jeunes filles dans cette maison d'éducation, dont le jardin est sous vos fenêtres ; elles rient de tout. Ne serait-ce point qu'elles voient le bonheur partout ?

Voyez cet Anglais morose qui vient déjeuner chez Tortoni [2], et y lit d'un air ennuyé, et à l'aide d'un lorgnon, de grosses lettres qu'il reçoit de Liverpool, et qui lui apportent des remises pour cent vingt mille francs ; ce n'est que la moitié de son revenu annuel ; mais il ne rit de rien ; c'est que rien au monde n'est capable de lui procurer la *vue du bonheur*, pas même sa place de *vice-président* d'une société biblique.

Regnard [3] est d'un génie bien inférieur à Molière ; mais j'oserai dire qu'il a marché dans le sentier de la véritable comédie.

Notre qualité d'*hommes de collège* en littérature, fait qu'en voyant ses comédies, au lieu de nous livrer à sa gaieté *vraiment folle*, nous pensons uniquement aux arrêts terribles qui le jettent au second rang. Si nous ne savions pas *par cœur* les *textes mêmes* de ces arrêts sévères, nous tremblerions pour notre réputation d'hommes d'esprit.

Est-ce là, de bonne foi, la disposition où il faut être pour rire ?

Quant à Molière et à ses pièces, que me fait à moi l'imitation plus ou moins heureuse du bon ton de la cour et de l'impertinence des marquis ?

Aujourd'hui il n'y a plus de cour, ou je m'estime autant, pour le moins, que les gens qui y vont ; et en sortant de dîner, après la Bourse, si j'entre au théâtre, je veux qu'on me fasse rire, et je ne songe à imiter personne.

Il faut qu'on me présente des images naïves et brillantes

---

1. DAMAS (1772-1834), acteur ; il a rempli avec succès des rôles d'amoureux tragiques et comiques. — 2. *Tortoni*, café à la mode, boulevard des Italiens, à l'angle de la rue Taitbout. Rendez-vous des élégants sous la Restauration, salon de conversation pour les célébrités. — 3. Jean-François REGNARD (1655-1709), poète comique, né à Paris, auteur du *Joueur*, du *Distrait*, du *Légataire universel*.

de toutes les passions du cœur humain, et non pas seulement et toujours les grâces du marquis de Moncade [1]. Aujourd'hui, c'est ma fille qui est *Mademoiselle Benjamine*, et je sais fort bien la refuser à un marquis s'il n'a pas quinze mille livres de rente en biens-fonds. Quant à ses lettres de change, s'il en fait et qu'il ne les paye pas, *M. Mathieu*, mon beau-frère, l'envoie à Sainte-Pélagie. Ce seul mot de Sainte-Pélagie, pour un homme titré, vieillit Molière.

Enfin, si l'on veut me faire rire malgré le sérieux profond que me donnent la Bourse et la politique, et les haines des partis, il faut que des gens passionnés se trompent, sous mes yeux, d'une manière plaisante, sur le chemin qui les mène au bonheur.

CHAPITRE III

CE QUE C'EST QUE LE ROMANTICISME

Le *romanticisme* est l'art de présenter aux peuples les œuvres littéraires qui, dans l'état actuel de leurs habitudes et de leurs croyances, sont susceptibles de leur donner le plus de plaisir possible.

Le *classicisme*, au contraire, leur présente la littérature qui donnait le plus grand plaisir possible à leurs arrière-grands-pères.

Sophocle et Euripide furent éminemment romantiques ; ils donnèrent aux Grecs rassemblés au théâtre d'Athènes, les tragédies qui, d'après les habitudes morales de ce peuple, sa religion, ses préjugés sur ce qui fait la dignité de l'homme devaient lui procurer le plus grand plaisir possible.

Imiter aujourd'hui Sophocle et Euripide, et prétendre que ces imitations ne feront pas bâiller le Français du dix-neuvième siècle, c'est du classicisme.

Je n'hésite pas à avancer que Racine a été romantique ; il a donné aux marquis de la cour de Louis XIV une peinture des passions, tempérée par l'*extrême dignité* qui alors était de mode, et qui faisait qu'un duc de 1670, même dans les épanchements les plus tendres de l'amour paternel, ne manquait jamais d'appeler son fils *Monsieur*.

C'est pour cela que le Pylade d'*Andromaque* dit toujours à Oreste : *Seigneur* ; et cependant quelle amitié que celle d'Oreste et de Pylade [2] !

Cette dignité-là n'est nullement dans les Grecs, et c'est

---

1. De *l'École des Bourgeois*, comédie en 3 actes, ALLAINVAL 1728. (Note de l'auteur.) — 2. Voir l'analyse du théâtre grec, par Métastase. (Note de l'auteur.) MÉTASTASE (1678-1782), l'un des plus grands poètes de l'Italie.

à cause de cette *dignité*, qui nous glace aujourd'hui, que Racine a été romantique.

Shakspeare fut romantique parce qu'il présenta aux Anglais de l'an 1590, d'abord les catastrophes sanglantes amenées par les guerres civiles, et pour reposer de ces tristes spectacles une foule de peintures fines des mouvements du cœur, et des nuances de passions les plus délicates. Cent ans de guerres civiles et de troubles presque continuels, une foule de trahisons, de supplices, de dévouements généreux, avaient préparé les sujets d'Élisabeth à ce genre de tragédie, qui ne produit presque rien de tout le *factice* de la vie des cours et de la civilisation des peuples tranquilles. Les Anglais de 1590, heureusement fort ignorants, aimèrent à contempler au théâtre, l'image des malheurs que le caractère ferme de leur reine venait d'éloigner de la vie réelle. Ces mêmes détails naïfs, que nos vers alexandrins repousseraient avec dédain, et que l'on prise tant aujourd'hui dans *Ivanhoe* et dans *Rob-Roy*,[1] eussent paru manquer de dignité aux yeux des fiers marquis de Louis XIV.

Ces détails eussent mortellement effrayé les poupées sentimentales et musquées qui, sous Louis XV, ne pouvaient voir une araignée sans s'évanouir. Voilà, je le sens bien, une phrase peu digne.

Il faut du courage pour être romantique, car il faut *hasarder*.

Le *classique* prudent, au contraire, ne s'avance jamais sans être soutenu, en cachette, par quelque vers d'Homère, ou par une remarque philosophique de Cicéron, dans son traité *De Senectute*.

Il me semble qu'il faut du courage à l'écrivain presque autant qu'au guerrier ; l'un ne doit pas plus songer aux journalistes que l'autre à l'hôpital.

Lord Byron[2], auteur de quelques héroïdes sublimes, mais toujours les mêmes, et de beaucoup de tragédies mortellement ennuyeuses, n'est point du tout le chef des romantiques.

S'il se trouvait un homme que les traducteurs à la toise se disputassent également à Madrid, à Stuttgard, à Paris et à Vienne, l'on pourrait avancer que cet homme a deviné les tendances morales de son époque[3].

---

1. Roman de Walter Scott. — 2. George Noël-Gordon lord BYRON (1788-1824), célèbre poète anglais, descendait des Stuarts. D'une humeur misanthropique, il s'abandonna à une vie désordonnée après avoir composé quelques poésies ; il parcourut l'Europe, puis publia *Childe-Harold*, le *Giaour*, *La fiancée d'Abydos*, *Manfred*, *Marino Faliero*, *don Juan*. — 3. Ce succès ne peut être une affaire de parti, ou d'enthousiasme personnel. Il y a toujours de l'intérêt d'argent au fond de tous les partis. Ici, je ne puis découvrir que l'intérêt du plaisir. L'homme par lui-même est peu digne d'enthousiasme : sa coopération probable à l'infâme *Beacon*, anecdote ridicule du verre dans lequel George IV avait bu. (Note de l'auteur.)

Parmi nous, le populaire Pigault-Lebrun [1] est beaucoup plus romantique que le sensible auteur de *Trilby* [2].

Qui est-ce qui relit *Trilby* à Brest ou à Perpignan ?

Ce qu'il y a de romantique dans la tragédie actuelle, c'est que le poète donne toujours un beau rôle au diable. Il parle éloquemment, et il est fort goûté. On aime l'opposition.

Ce qu'il y a d'antiromantique, c'est M. Legouvé [3], dans sa tragédie d'*Henri IV*, ne pouvant pas reproduire le plus beau mot de ce roi patriote : « Je voudrais que le plus pauvre « paysan de mon royaume pût au moins avoir la poule au « pot le dimanche. »

Ce mot vraiment français eût fourni une scène touchante au plus mince élève de Shakspeare. La tragédie *racinienne* dit bien plus noblement :

> Je veux enfin qu'au jour marqué pour le repos,
> L'hôte laborieux des modestes hameaux
> Sur sa table moins humble ait, par ma bienfaisance,
> Quelques-uns de ces mets réservés à l'aisance.
> *La mort de Henri IV*, acte IV [4].

La comédie romantique d'abord ne nous montrerait pas ses personnages en habits brodés ; il n'y aurait pas perpétuellement des amoureux et un mariage à la fin de la pièce ; les personnages ne changeraient pas de caractère tout juste au cinquième acte ; on entreverrait quelquefois un amour qui ne peut être couronné par le mariage ; le mariage, elle ne l'appellerait pas l'*hyménée* pour faire la rime. Qui ne ferait pas rire, dans la société, en parlant d'*hyménée* ?...

La seule situation énergique que nous ayons vue depuis vingt ans, la scène du *paravent*, dans le *Tartufe de mœurs* [5], nous la devons au théâtre anglais. Chez nous, tout ce qui

---

1. Charles-Antoine PIGAULT-LEBRUN (1753-1835), romancier et auteur dramatique. D'une gaieté intarissable, d'un esprit railleur, ses ouvrages sont remarquables par la finesse de l'observation et la sensibilité qui y règne. Citons : *les Hussards ou les barons de Telsheim, Monsieur Botte*. Mais il y a dans ses romans trop de grivoiserie et de trivialité. — 2. *Trilby*, œuvre de Ch. Nodier. — 3. Jean-Baptiste LEGOUVÉ (1764-1872), poète dramatique, à qui a manqué le souffle poétique. Son poème : *Le mérite des femmes* a fait sa réputation. — 4. Les vers italiens et anglais permettent de tout dire ; le vers alexandrin seul, fait pour une cour dédaigneuse, en a tous les ridicules. (Note de l'auteur.) Le vers, réclamant une plus grande part de l'attention du lecteur, est excellent pour la satire. D'ailleurs il faut que celui qui blâme prouve sa supériorité ; donc toute comédie *satirique* réclame les vers. (Id.) J'ajouterai, par forme de digression, que la tragédie la plus passable de notre époque est en Italie. Il y a du charme et de l'amour véritable dans la *Francesca da Rimini* du pauvre Pellico : c'est ce que j'ai vu de plus semblable à Racine. Son *Eufemio di Messina* est fort bien. Le *Carmagnola* et l'*Adelchi* de M. Manzoni annoncent un grand poète, si ce n'est un grand tragique. Notre comédie n'a rien donné d'aussi vrai depuis trente ans, que l'*Ajo nell imbarazzo* de M. le comte Giraud, de Rome. (Id.) — 5. *Tartufe de mœurs*, com. de Chéron, 1803. C'est une copie de l'*École de la Médisance*, comédie célèbre de Shéridan.

est *forts*'appelle *indécent.* On siffle l'*Avare* de Molière (7 février 1823), parce qu'un fils manque de respect à son père. [1]

Ce que la comédie de l'époque a de plus romantique, ce ne sont pas les grandes pièces en cinq actes, comme *les Deux Gendres* : qui est-ce qui se dépouille de ses biens aujourd'hui ? c'est tout simplement *le Solliciteur* [2], *le Ci-devant jeune homme* [3] (imité du *Lord Ogleby* [4] de Garrick), *Michel et Christine* [5], *le Chevalier de Canole* [6], *l'Étude du Procureur* [7], *les Calicots* [8], *les Chansons de Béranger* [9], etc. Le romantique dans le bouffon, c'est l'interrogatoire de l'*Esturgeon* du charmant vaudeville de M. Arnault ; c'est M. *Beaufils.* Voilà la manie du *raisonner*, et le *dandinisme littéraire* de l'époque.

M. l'abbé Delille fut éminemment romantique pour le siècle de Louis XV. C'était bien là la poésie faite pour le peuple qui, à Fontenoy, disait, chapeau bas, à la colonne anglaise : « *Messieurs, tirez les premiers.* » Cela est fort noble assurément ; mais comment de telles gens ont-ils l'effronterie de dire qu'ils admirent Homère ?

Les anciens auraient bien ri de notre honneur.

Et l'on veut que cette poésie plaise à un Français qui fut de la retraite de Moscou !

De mémoire d'historien, jamais peuple n'a éprouvé, dans ses mœurs et dans ses plaisirs, de changement plus rapide et plus total que celui de 1780 à 1823 ; et l'on veut nous donner toujours la même littérature ! Que nos graves adversaires regardent autour d'eux : le sot de 1780 produisait des plaisanteries bêtes et sans sel ; il riait toujours ; le sot de 1823 produit des raisonnements philosophiques, vagues, rebattus, à dormir debout, il a toujours la figure allongée ; voilà une révolution notable. Une société dans laquelle un élément aussi essentiel et aussi répété que le *sot* est changé à ce point, ne peut plus supporter ni le même *ridicule* ni le même *pathétique.* Alors tout le monde aspirait à faire rire son voisin ; aujourd'hui tout le monde veut le tromper.

Un procureur incrédule se donne les œuvres de Bour-

---

1. *Avare*, act. II, s. II. — 2. *Le Solliciteur*, comédie de Scribe et Dupin. — 3. *Le Ci-devant jeune homme*, comédie de Brazier et Merle. — 4. *Lord Ogleby* de Garrick, auteur écrivain et poète anglais (1716-1779). — 5. *Michel et Christine*, comédie de Scribe et Dupin. — 6. *Le chevalier de Canole*, comédie de Souque. — 7. *L'Étude du Procureur*, peut-être l'*Intérieur d'une Étude et le Procureur*, comédie de Scribe et Dupin. — 8. Je n'ai pu trouver l'auteur des *Calicots*, des *Chansons de Béranger*, et de *M. Beaufils.* — 9. Le poème de l'époque, s'il était moins mal écrit, ce serait la *Panhypocrisiade* de M. Lemercier. Figurez-vous le *Champ de Bataille* de Pavie, traduit en français par Boileau ou par l'abbé Delille. Il y a, dans ce poème de quatre cents pages, quarante vers plus frappants et plus beaux qu'aucun de ceux de Boileau. (Note de l'auteur.)

daloue [1] magnifiquement reliées, et dit : Cela convient vis-à-vis des clercs.

Le poëte romantique par excellence, c'est le Dante [2] ; il adorait Virgile, et cependant il a fait la *Divine Comédie*, et l'épisode d'*Ugolin* [3], la chose au monde qui ressemble le moins à l'*Enéide* ; c'est qu'il comprit que de son temps on avait peur de l'enfer.

Les romantiques ne conseillent à personne d'imiter directement les drames de Shakspeare.

Ce qu'il faut imiter de ce grand homme, c'est la manière d'étudier le monde au milieu duquel nous vivons, et l'art de donner à nos contemporains précisément le genre de tragédie dont ils ont besoin, mais qu'ils n'ont pas l'audace de réclamer, terrifiés qu'ils sont par la réputation du grand Racine.

Par hasard, la nouvelle tragédie française ressemblerait beaucoup à celle de Shakspeare.

Mais ce serait uniquement parce que nos circonstances sont les mêmes que celles de l'Angleterre en 1590. Nous aussi nous avons des partis, des supplices, des conspirations. Tel qui rit dans un salon, en lisant cette brochure, sera en prison dans huit jours. Tel autre qui plaisante avec lui, nommera le jury qui le condamnera.

Nous aurions bientôt la *nouvelle tragédie française* que j'ai l'audace de prédire, si nous avions assez de sécurité pour nous occuper de littérature ; je dis sécurité, car le mal est surtout dans les imaginations qui sont effarouchées. Nous avons une sûreté dans nos campagnes, et sur les grandes routes, qui aurait bien étonné l'Angleterre en 1590.

Comme nous sommes infiniment supérieurs par l'esprit aux Anglais de cette époque, notre *tragédie nouvelle* aura plus de simplicité. A chaque instant Shakspeare fait de la rhétorique : c'est qu'il avait besoin de faire comprendre telle situation de son drame, à un public grossier et qui avait plus de courage que de finesse.

Notre tragédie nouvelle ressemblera beaucoup à *Pinto*, le chef-d'œuvre de M. Lemercier [4].

L'esprit français repoussera surtout le galimatias allemand, que beaucoup de gens appellent *romantique* aujourd'hui.

Schiller [5] a *copié* Shakspeare et sa rhétorique ; il n'a pas

---

1. Louis BOURDALOUE (1632-1704), jésuite, né à Bourges. L'un des plus grands prédicateurs du règne de Louis XIV. — 2. DANTE ALIGHIERI (1265-1321), auteur de la *Divine Comédie*. Dans sa jeunesse, il avait composé des sonnets amoureux et des canzones en l'honneur de Béatrix. — 3. *Ugolin*, tyran de Pise. Ses ennemis le jetèrent dans une tour avec ses enfants ; ils le laissèrent mourir de faim. Dante a immortalisé ce drame dans sa *Divine Comédie*. — 4. LEMERCIER, cf. p. 13. — 5. Frédéric SCHILLER, poète tragique et historien allemand. *Les Brigands, Wallenstein, Guillaume Tell* sont ses principaux chefs-d'œuvre, son *Histoire de la guerre de Trente ans* est remarquable aussi.

eu l'esprit de donner à ses compatriotes la tragédie réclamée par leurs mœurs.

J'oubliais l'*unité de lieu* ; elle sera emportée dans la déroute du *vers alexandrin*.

La jolie comédie du *Conteur* de M. Picard [1], qui n'aurait besoin que d'être écrite par Beaumarchais [2] ou par Shéridan [3] pour être délicieuse, a donné au public la bonne habitude de s'apercevoir qu'il est des sujets charmants pour lesquels les changements de décorations sont absolument nécessaires.

Nous sommes presque aussi avancés pour la tragédie : comment se fait-il qu'Émilie de *Cinna* vienne conspirer précisément dans le grand cabinet de l'Empereur ? comment se figurer *Sylla* joué sans changements de décorations ?

Si M. Chénier [4] eût vécu, cet homme d'esprit nous eût débarrassés de l'*unité de lieu* dans la tragédie, et par conséquent des *récits ennuyeux* ; de l'unité de lieu qui rend à jamais impossibles au théâtre les grands sujets nationaux : *l'Assassinat de Montereau, les États de Blois, la Mort de Henri III.*

Pour *Henri III*, il faut absolument, d'un côté : Paris, la duchesse de Montpensier [5], le cloître des Jacobins ; de l'autre : Saint-Cloud, l'irrésolution, la faiblesse, les voluptés, et tout à coup la mort, qui vient tout terminer.

La tragédie *racinienne* ne peut jamais prendre que les trente-six dernières heures d'une action ; donc jamais de développements de passions. Quelle conjuration a le temps de s'ourdir, quel mouvement populaire peut se développer en trente-six heures ?

Il est intéressant, il est *beau* de voir Othello, si amoureux au premier acte, tuer sa femme au cinquième. Si ce changement a lieu en trente-six heures, il est absurde, et je méprise Othello.

Macbeth, honnête homme au premier acte, séduit par sa femme, assassine son bienfaiteur et son roi, et devient un monstre sanguinaire. Ou je me trompe fort, ou ces changements de passions dans le cœur humain sont ce que la poésie peut offrir de plus magnifique aux yeux des hommes, qu'elle touche et instruit à la fois.

1. Louis-Benoît PICARD (1769-1828), se fit d'abord acteur ; ayant peu de succès, il composa des pièces, fut directeur de l'Odéon, de l'Opéra. Beaucoup de naturel, de gaieté franche. Collabora avec Duval, Chéron, etc. Citons : *Le badinage dangereux, l'Écolier en vacances, les Provinciaux à Paris.* — 2. Caron de BEAUMARCHAIS (1732-1799), auteur du *Barbier de Séville*, du *Mariage de Figaro*, de *la Mère coupable*, satires sociales pleines d'esprit de gaieté. — 3. SHÉRIDAN, cf. p. 8. — 4. CHÉNIER, cf. p. 13. — 5. Catherine-Marie de Lorraine, *duchesse de Montpensier* (1562-1596), fille de François de Guise, épousa Louis II de Montpensier. Elle fut l'ennemie jurée d'Henri III et c'est elle qui poussa Jacques Clément au crime.

CHAPITRE IV [1]

DE L'ÉTAT DE LA SOCIÉTÉ PAR RAPPORT A LA COMÉDIE SOUS LE RÈGNE DE LOUIS XIV

Haïr n'est pas un plaisir ; je crois même que beaucoup de lecteurs penseront avec moi que c'est une peine, et une peine d'autant plus vive, qu'on a plus d'imagination ou de sensibilité.

La Bruyère a dit :

« Se dérober à la cour un seul moment, c'est y renoncer. Le courtisan qui l'a vue le matin la voit le soir, pour la reconnaître le lendemain, et afin que lui-même y soit reconnu. »

Même en 1670, dans les plus beaux temps de Louis XIV, la cour ne fut qu'un rassemblement d'ennemis et de rivaux. La haine, l'envie, y dominaient ; comment la vraie gaieté s'y serait-elle montrée ?

Ces gens qui se haïssaient si cordialement entre eux, et qui mouraient après cinquante ans de haine, demandant encore sur le lit de mort : « Comment se porte monsieur un tel [2] ? » ces gens détestaient encore plus certains êtres qu'ils n'apercevaient jamais que pour les pressurer ou en avoir peur. Leur haine était d'autant plus forte, qu'elle était précédée par le mépris. Ce qui pouvait les choquer le plus au monde, c'était le soupçon d'avoir quelque chose de commun avec ces êtres-là. « *Ce que vous dites là, mon fils,*

---

1. Quelques personnes qui ont eu la bonté de lire cette brochure * jusqu'au bout, ont dit à l'auteur que ses idées leur semblaient surtout s'appliquer peu à Molière. Il se peut qu'un homme de génie, en faisant des ouvrages qui plaisent infiniment aux hommes d'une des époques de la civilisation, donne encore plus de plaisir aux hommes d'une époque absolument différente que les artistes médiocres de cette seconde époque. Ces artistes médiocres seront principalement ennuyeux parce qu'ils copient judaïquement les ouvrages du grand homme. Ils ne savent voir ni la nature telle qu'elle est sous leurs yeux, ni la nature telle qu'elle fut quand le grand homme en donna ses imitations sublimes. On a jugé convenable de faire un nouveau chapitre sur Molière, et l'on est entré dans quelques raisonnements sérieux, au risque de paraître lourd. Cette brochure m'a valu un honneur dont je suis fier. Quelques-uns des hommes que leurs écrits, et non pas leurs visions du soir, ont placés à la tête des lettres, quelques-uns de ces hommes dont les écrits font le charme de mes loisirs, ont daigné me faire des objections. J'ai hasardé d'y répondre par un nouveau chapitre. Si je me fusse livré à exprimer mes doutes sur moi-même aussi souvent que je sentais combien j'ai de raisons d'être modeste, ce chapitre ajouté eût été fort long. J'ai respecté à ce point mes nobles adversaires, que j'ai cru qu'ils auraient assez d'orgueil pour aimer la vérité sans formules. J'ai donc parlé simplement, comme on parle aux immortels, disant avec simplicité, non peut-être ce qui est vrai, mais ce qui me semble vrai. (Note de l'auteur.) — 2. Historique. Voir Saint-Simon. *Id.*

* *Racine et Shakspeare*, première partie.

est bien peuple, » dit Louis XIV, un jour que ce grand roi jugea convenable de pousser la réprimande presque jusqu'à l'injure. Aux yeux de Louis XIV, d'Henri IV, de Louis XVIII, il n'y eut jamais en France que deux classes de personnes : les nobles, qu'il fallait gouverner par l'*honneur* et récompenser avec le cordon bleu ; la canaille, à laquelle on fait jeter force saucisses et jambons dans les grandes occasions, mais qu'il faut prendre et massacrer sans pitié dès qu'elle s'avise d'élever la voix [1].

Cet état de la civilisation présente deux sources de comique pour les courtisans : 1° se tromper dans l'imitation de ce qui est de bon goût à la cour ; 2° avoir dans ses manières ou dans sa conduite une ressemblance quelconque avec un bourgeois. Les lettres de madame de Sévigné prouvent toutes ces choses jusqu'à l'évidence. C'était une femme douce, aimable, légère, point méchante. Voyez sa correspondance pendant ses séjours à sa terre des *Rochers*, en Bretagne, et le ton dont elle parle des pendaisons et autres mesures acerbes employées par son bon ami M. le duc de Chaulnes.

Ces lettres charmantes montrent surtout qu'un courtisan était toujours pauvre. Il était pauvre, parce qu'il ne pouvait pas avoir le même luxe que son voisin ; et, ce qu'il y avait d'*affreux*, de poignant pour lui, c'étaient les grâces de la cour qui mettaient ce voisin à même d'étaler tout ce luxe.

Ainsi, outre les deux sources de haine indiquées ci-dessus, un courtisan avait encore, pour contribuer à son bonheur, la pauvreté avec vanité, la plus cruelle de toutes, car elle est suivie par le mépris [2].

A la cour de Louis XIV, en 1670, au milieu de tant d'amers chagrins, d'espérances déçues, d'amitiés trahies, un seul ressort restait à ces âmes vaines et légères : l'anxiété du jeu, les transports du gain, l'horreur de la perte. Voir le profond ennui d'un Vardes ou d'un Bussy-Rabutin au fond de leur exil. N'être plus à la cour, c'était avoir tous les malheurs, tous les chagrins, sentir toutes les pointes de la civilisation d'alors, sans ce qui les faisait supporter. Il fallait, pour l'exilé, ou vivre avec des bourgeois, chose horrible, ou voir les courtisans du troisième ou quatrième ordre, qui venaient faire leur charge dans la province, et qui vous accordaient leur pitié. Le chef-d'œuvre de Louis XIV, le complément du système de Richelieu, fut de créer cet ennui de l'exil.

La cour de Louis XIV, pour qui sait la voir, ne fut jamais qu'une table de *pharaon*. Ce fut de telles gens que, dans l'intervalle de leurs parties, Molière se chargea d'amuser.

---

1. Mémoires de Bassompierre, de Gourville, etc. (Note de l'auteur.)
— 2. Lettres de madame de Sévigné. — Détails sur la vie et les projets de M. le marquis de Sévigné, et de MM. de Grignan père et fils. (Note de l'auteur.)

Il y réussit comme un grand homme qu'il était, c'est-à-dire d'une manière à peu près parfaite. Les comédies qu'il présenta aux courtisans de l'*homme-roi* furent probablement les meilleures et les plus amusantes que l'on pût faire pour ces sortes de gens. Mais, en 1825, nous ne sommes plus ces sortes de gens. L'opinion est faite par des gens habitant Paris, et ayant plus de dix mille livres de rente et moins de cent. Quelquefois la *dignité* [1] des courtisans de Louis XIV se trouva choquée même de l'imitation gaie de ce qu'il y avait de plus ridiculement odieux à leurs yeux : un marchand de Paris. *Le Bourgeois gentilhomme* leur parut *affreux*, non pas à cause du rôle de Dorante, qui aujourd'hui ferait frémir MM. Auger [2], Lémontey [3] et autres censeurs, mais tout simplement parce qu'il était dégradant et dégoûtant d'avoir les yeux fixés si longuement sur un être aussi abject que M. Jourdain, sur un marchand. Toutefois Louis XIV fut de meilleur goût ; ce grand roi voulut relever ses sujets industriels, et d'un mot il les rendit dignes qu'on se moquât d'eux. « Molière, » dit-il à son valet de chambre-tapissier, tout triste des mépris de la cour, « Molière, vous n'avez encore rien fait qui m'ait tant diverti, et votre pièce est excellente. »

L'avouerai-je ? je suis peu sensible à ce bienfait du grand roi.

Lorsque, vers 1720, les dissipations des grands seigneurs et le système de Law eurent enfin créé une bourgeoisie, il parut une troisième source de comique : l'imitation imparfaite et gauche des aimables courtisans. Le fils de M. Turcaret [4], déguisé sous un nom de terre, et devenu fermier général, dut avoir dans le monde une existence [5] dont le modèle n'avait pas paru sous Louis XIV, dans ce siècle où les ministres eux-mêmes avaient commencé par n'être que des bourgeois. Un homme de la cour ne pouvait voir M. Colbert que pour affaires. Paris se remplit de bourgeois fort riches, dont les *Mémoires* de Collé [6] vous donneront la nomenclature : MM. d'Angivilliers, Turgot, Trudaine, Monticourt, Helvétius, d'Épinay, etc. Peu à peu ces hommes opulents

---

1. Pour prendre une idée exacte de cette *dignité*, voir les Mémoires de madame la duchesse d'Orléans, mère du Régent. Cette sincère Allemande dérange un peu les mille mensonges de madame de Genlis, de M. de Lacretelle, et autres personnages du même poids. (Note de l'auteur.) — 2. Louis-Simon AUGER (1772-1829), académicien, écrivit treize éloges, ceux de Corneille, de Boileau, etc..., prononça le fameux manifeste contre le romantisme dans la séance du 24 août 1824, cf. p. 2. — 3. LÉMONTEY (1762-1826), littérateur né à Lyon. Entra à l'Académie en 1819. Il était chef de la censure dramatique. — 4. Ce soir, mon fiacre a été arrêté un quart d'heure sur le boulevard des Italiens par les descendants des croisés, qui faisaient queue pour tâcher d'être admis au bal d'un banquier juif (M. de Rothschild). La matinée des nobles dames du faubourg Saint-Germain avait été employée à faire toute sorte de bassesses pour s'y faire prier (Note de l'auteur). — 5. Mémoires de Collé. (Id.) — 6. COLLÉ (1709-1783), célèbre chansonnier et auteur dramatique.

et bien élevés, fils des grossiers Turcarets, commencèrent cette fatale opinion publique, qui a fini par tout gâter en 1789. Ces fermiers généraux recevaient les gens de lettres à leurs soupers, et ceux-ci sortirent un peu du rôle de *bouffons* qu'ils avaient rempli à la table des véritables grands seigneurs.

Les *Considérations sur les mœurs*, de Duclos, sont le *Code civil* de ce nouvel ordre de choses, dont les *Mémoires* de madame d'Épinay et de Marmontel nous ont laissé une description assez amusante. On y voit un M. de Bellegarde, qui, malgré son grand nom, n'est qu'un fermier général ; mais il mange deux cent mille francs par an, et son fils, élevé dans le même luxe que M. le duc de Fronsac, se trouve son égal, pour les manières [1].

De ce moment, Turcaret fut sans modèles ; mais cette nouvelle société de 1720 à 1790, ce changement total si important pour l'histoire et la politique, l'est fort peu pour la comédie ; pendant tout ce temps, elle n'eut point d'homme de génie. Les esprits, étonnés de pouvoir raisonner, se jetaient avec fureur dans ce plaisir tout nouveau. Raisonner sur l'existence de Dieu parut charmant, même aux dames. Les parlements et les archevêques, par leurs condamnations, vinrent jeter quelque piquant sur cette manière aride d'employer son esprit ; tout le monde lut avec fureur *Émile*, l'*Encyclopédie*, le *Contrat social*.

Un homme de génie parut tout à fait à la fin de cette époque. L'Académie, par l'organe de M. Suard [2], maudit Beaumarchais. Mais déjà il ne s'agissait plus de s'amuser dans le salon ; on songeait à reconstruire la maison, et l'architecte Mirabeau l'emporta sur le décorateur Beaumarchais. Quand un peu de bonne foi dans le pouvoir aura terminé la Révolution, peu à peu tout se classera ; le raisonnement lourd, philosophique, inattaquable, sera laissé à la Chambre des députés. Alors la comédie renaîtra, car on aura un besoin effréné de rire. L'hypocrisie de la vieille madame de Maintenon et de la vieillesse de Louis XIV fut remplacée par les orgies du Régent ; de même, quand nous sortirons, enfin, de cette farce lugubre, et qu'il nous sera

---

1. Lever de madame d'Épinay : « Les deux laquais ouvrent les deux battants pour me laisser sortir et crient dans l'antichambre : Voilà madame, messieurs, voilà madame ! Tout le monde se range en haie. D'abord, c'est un polisson qui vient brailler un air, et à qui on accorde sa protection pour le faire entrer à l'Opéra, après lui avoir donné quelques leçons de bon goût, et lui avoir appris ce que c'est que la *propreté du chant français*. Puis, ce sont des marchands d'étoffes, des marchands d'instruments, des bijoutiers, des colporteurs, des laquais, des décrotteurs, des créanciers, etc. » (*Mémoires et correspondance* de madame d'Épinay, t. I. p. 356-357). (Note de l'auteur.) — 3. SUARD (1734-1817), homme de lettres, né à Besançon, collabora à la *Gazette de France*.

permis de déposer le passeport, le fusil, les épaulettes et tout l'attirail révolutionnaire, nous aurons une époque de gaieté charmante. Mais abandonnons les conjectures politiques, et revenons à la comédie. On fut ridicule dans les comédies telles quelles, de 1720 à 1790, quand on n'imita pas, comme il faut, la partie des mœurs de la cour que M. de Monticourt ou M. de Trudaine, gens riches de Paris, pouvaient permettre à leur vanité [1].

Que me fait à moi, Français de 1825, qui ai de la considération au prorata de mes écus, et des plaisirs en raison de mon esprit, que me fait l'imitation plus ou moins heureuse du bon ton de la cour ? Il faut bien toujours, pour être ridicule, que l'on se trompe sur le chemin du bonheur. Mais le bonheur ne consiste plus uniquement pour les Français, à imiter, chacun selon les convenances de son état, les manières de la cour.

Remarquez toutefois que l'habitude de conformer nos actions à un *patron convenu* nous reste. Aucun peuple ne tient plus à ses habitudes que le Français. L'excessive vanité donne le mot de cette énigme : nous abhorrons les périls obscurs.

Mais, enfin, aujourd'hui ce n'est plus Louis XIV et les impertinents de sa cour, si bien peints par le courtisan Dangeau, qui sont chargés de confectionner le *patron*, auquel chacun, suivant les convenances de notre fortune, nous brûlons de nous conformer.

C'est l'*opinion de la majorité* qui élève sur la place publique le modèle auquel tous sont tenus de se conformer. Il ne suffit plus de se tromper sur le chemin qui mène à la cour. Le comte Alfieri raconte, dans sa *Vie*, que, le premier jour de l'an 1768, les échevins de Paris s'étant égarés, et n'étant pas arrivés dans la galerie de Versailles assez à temps pour recueillir un regard que Louis XV daignait laisser tomber sur eux, ce premier jour de l'an, en allant à la messe, ce roi demanda ce qu'étaient devenus les échevins ; une voix répondit : « Ils sont restés « embourbés, » et le roi lui-même daigna sourire [1].

L'on raconte encore ces sortes d'anecdotes, on en rit comme d'un conte de fées au faubourg Saint-Germain. L'on regrette un peu le temps des fées ; mais il y a deux siècles entre ces pauvres échevins de Paris, se perdant dans la boue sur le chemin de Versailles, et de grands seigneurs venant briguer une bourgeoise réputation de bien dire à la Chambre des députés, pour de là passer au ministère.

---

1. Le rôle de Béclard, dans une comédie en prose et en cinq actes de Collé, à la suite de ses *Mémoires* : le *Mondor* des *Fausses infidélités*, etc. — 2. *Vita di Alfieri*, tom. I, p. 130. (Notes de l'auteur.)

CHAPITRE V

DE LA CONVERSATION

Les courtisans de tous les temps ont un besoin d'état ; c'est celui de parler sans rien dire. Ce fut un avantage immense pour Molière ; ses comédies vinrent former un supplément agréable aux événements de la chasse du jour, aux exclamations élégantes sur les ruses du cerf, et aux transports d'admiration sur l'adresse du roi à monter à cheval.

Notre conversation est dans une situation bien différente ; nous n'avons que trop de choses intéressantes. L'art ne consiste plus à économiser une petite source d'intérêt sans cesse sur le point de tarir, et à la faire suffire à tout, et porter la vie jusque dans les dissertations les plus arides ; il faut retenir, au contraire, le torrent des passions qui, prêtes à s'élancer à chaque mot, menacent de renverser toutes les convenances et de disperser au loin les habitants du salon. Il faut écarter des sujets si intéressants qu'ils en sont irritants, et le grand art de la conversation d'aujourd'hui, c'est de ne pas se noyer dans l'*odieux*.

Accoutumés que nous sommes à raisonner souvent dans la conversation, nous trouverions pédantesque et singulière, si nous osions raisonner par nous-mêmes comme de grands garçons, la conversation des marquis au deuxième acte du *Misanthrope*. Cette scène offrait sans doute, il y a un siècle, un tableau fidèle, et idéalisé par le génie, des salons de l'an 1670. On voit qu'il y avait une assez belle place pour la satire et que la cour de Louis XIV était tout à fait *petite ville*. C'est que par tout pays le *commérage* vient du manque d'idées.

Dix portraits piquants, mais qui pourraient se trouver aussi bien dans une satire de Boileau [1], passent successivement sous nos yeux.

Nous avons fait un pas depuis 1670, quoique nous nous gardions d'en convenir. Nous avouerions presque, si l'on nous en pressait avec grâce, que tous ces gens-là font bien d'avoir des manies, si ces manies les amusent. La philosophie

---

1. Le bavard qui prétend occuper à lui seul toute l'attention d'un salon ; le raisonneur qui n'y apporte que de l'ennui ; le mystérieux, l'homme familier qui trouve de la grâce à tutoyer tout le monde ; le mécontent qui pense que le roi lui fait une injustice toutes les fois qu'il accorde une grâce ; l'homme qui, semblable à un ministre, ne fonde ses succès que sur son cuisinier ; le bavard tranchant qui veut tout juger et qui croirait s'abaisser s'il motivait le moins du monde les arrêts qu'il dicte du haut de son orgueil. (Note de l'auteur.)

du dix-huitième siècle nous a appris que l'oiseau aurait tort de se moquer de la *taupe*, à raison de la galerie obscure où elle choisit de vivre. Elle s'y amuse probablement... elle elle y vit.

Quant à Alceste, le misanthrope, sa position est différente. Il est amoureux de Célimène, et il prétend lui plaire. La *taupe* aurait tort de se tenir dans son trou si elle avait entrepris de faire sa cour au rossignol.

La brillante Célimène, jeune veuve de vingt ans, s'amuse aux dépens des ridicules de ses amis ; mais on n'a garde de toucher dans son salon à ce qui est *odieux*. Alceste n'a point cette prudence, et voilà justement ce qui fait le ridicule particulier du pauvre Alceste. Sa manie de se jeter sur ce qui paraît odieux, son talent pour le raisonnement juste et serré, sa probité sévère, tout le mènerait bien vite à la politique, ou, ce qui est bien pis, à une philosophie séditieuse et malsonnante. Dès lors, le salon de Célimène deviendrait compromettant ; bientôt ce serait un désert ; et que faire, pour une coquette, au milieu d'un salon désert ?

C'est par là que le genre d'esprit d'Alceste est de mauvais goût dans ce salon. C'est là ce que Philinte aurait dû lui dire. Le devoir de cet ami sage était d'opposer la passion de son ami à sa manie raisonnante. Molière le voyait mieux que nous ; mais l'évidence et l'à-propos du raisonnement de Philinte eût pu coûter au poète la faveur du grand roi.

Le grand roi dut trouver de fort bon goût, au contraire, le ridicule donné à la manie du raisonnement sérieux [1].

L'*odieux* que nous fuyons aujourd'hui est d'un autre caractère ; il n'est de mauvais goût que lorsqu'il conduit au sentiment de la colère impuissante, et il passe pour fort agréable dès qu'il peut se produire sous la forme d'un ridicule amusant, donné aux gens du pouvoir. Même, plus le rang des personnes immolées au ridicule est auguste, plus le mot fait de plaisir, loin d'inspirer aucune crainte :

« Le conseil des ministres vient de finir, il a duré trois heures. — Que s'est-il passé ? — Il s'est passé trois heures. Ce vieux ministre imbécile ne veut pas ouvrir les yeux. — Eh bien ! qu'il les ferme [2]. »

Une conversation vive, plaisante, étincelante d'esprit, jouant toujours la gaieté et fuyant le *sérieux* comme le dernier des ridicules, après un règne d'un siècle, fut tout à coup détrônée vers 1786, par une discussion lourde, inter-

---

1. S'il fut jamais un homme créé, par sa douceur, pour faire aimer la sagesse, ce fut sans doute Franklin ; voyez pourtant dans quel lieu singulier le roi Louis XVI fait placer son portrait, pour l'envoyer à madame la duchesse de Polignac. (*Mémoires* de madame Campan.) (Note de l'auteur.) — 2. *Miroir* (petit journal fort libéral et très spirituel), mars 1823.

minable, à laquelle tous les sots prennent part. Ils ont tous aujourd'hui leur jugement sur Napoléon, qu'il nous faut essuyer. Les courses à cheval, les visites *en chenille* [1] et les occupations du matin cédèrent la place aux journaux. Il fallut, en 1786, donner deux heures de sa vie, chaque jour, à une lecture passionnée, coupée à chaque instant par les exclamations de la haine ou par des rires amers sur les déconvenues du parti contraire. La légèreté française périt, le sérieux prit sa place, et tellement sa place, que les gens aimables d'un autre siècle font tache dans les salons de 1825.

Comme nous n'avons pas d'universités à l'allemande, la conversation faisait autrefois toute l'éducation d'un Français ; aujourd'hui, c'est la conversation et le journal.

CHAPITRE VI

DES HABITUDES DE LA VIE, PAR RAPPORT A LA LITTÉRATURE

Je vois les gens de ma connaissance passer six mois dans l'oisiveté de la campagne. La tranquillité des champs a succédé à l'anxiété des cours et à l'agitation de la vie de Paris [2]. Le mari fait cultiver ses terres, la femme dit qu'elle s'amuse, les enfants sont heureux ; sans besoin d'idées nouvelles, arrivant de Paris, ils courent et gambadent dans les bois, ils mènent la vie de la nature.

De telles gens, à la vérité, ont appris de leurs pères à dire que le moindre manque de dignité les choque dans les ouvrages de l'esprit ; que la moindre convenance blessée les dégoûte. Le fait est que, s'ennuyant beaucoup, que, manquant absolument d'idées nouvelles et amusantes, ils dévorent les plus mauvais romans. Les libraires le savent bien, et tout ce qu'il y a de trop plat, pendant le reste de l'année, est par eux réservé pour le mois d'avril, le grand moment des départs et des pacotilles de campagne.

Ainsi l'*ennui* a déjà brisé toutes les règles pour le roman ; l'*ennui !* ce dieu que j'implore, le dieu puissant qui règne dans la salle des *Français*, le seul pouvoir au monde qui puisse faire jeter les Laharpe au feu. Du reste, la révolution dans le roman a été facile. Nos pédants, trouvant que les Grecs et les Romains n'avaient pas fait de romans, ont déclaré ce genre au-dessous de leur colère ; c'est pour cela qu'il a été sublime. Quels tragiques, suivants d'Aristote, ont produit, depuis un siècle, quelque œuvre à comparer à

---

1. *Chenille*, passement de soie veloutée. — 2. *Mémoires* de madame d'Épinay, genre de vie de M. de Francueil, son **amant**.

Tom Jones [1], à *Werther*, aux *Tableaux de famille* [2], à la *Nouvelle Héloïse* ou aux *Puritains* [3] ? Comparez cela aux tragédies françaises contemporaines : vous en trouverez la triste liste dans Grimm.

De retour à la ville à la fin de novembre, nos gens riches, assommés de six mois de bonheur domestique, ne demanderaient pas mieux que d'avoir du plaisir au théâtre. La seule vue du portique des *Français* les réjouit, car ils ont oublié l'ennui de l'année précédente ; mais ils trouvent à la porte un monstre terrible : le *bégueulisme*, puisqu'il faut l'appeler par son nom.

Dans la vie commune, le *bégueulisme* est l'art de s'offenser pour le compte des vertus qu'on n'a pas ; en littérature, c'est l'art de jouir avec des goûts qu'on ne sent point. Cette existence factice nous fait porter aux nues *les Femmes savantes* et mépriser le charmant *Retour imprévu* [4].

A ces mots malsonnants, je vois la colère dans les yeux des classiques. Eh ! messieurs, ne soyez en colère que pour ce qui vous y met réellement. La colère est-elle donc un sentiment si agréable ? — Non, certes ; mais, en fronçant le sourcil aux farces de Regnard, nous avancerons notre réputation de bons littérateurs.

Le bon ton court donc les rues ; car il n'est pas de *calicot* qui ne siffle Molière ou Regnard, à tout le moins une fois l'an. Cela lui est aussi naturel que de prendre, en entrant au café, l'air militaire d'un tambour-major en colère. On dit que la pruderie est la vertu des femmes qui n'en ont pas ; le *bégueulisme littéraire* ne serait-il point le *bon goût* de ces gens que la nature avait faits tout simplement pour être sensibles à l'argent, ou pour aimer avec passion les dindes truffées ?

Une des plus déplorables conséquences de la corruption du siècle, c'est que la comédie de société ne trompe plus personne en littérature, et si un littérateur affecté réussit encore à faire illusion, c'est qu'on le méprise trop pour le regarder deux fois.

Ce qui fit le bonheur de la littérature sous Louis XIV, c'est qu'alors c'était une chose de peu d'importance [5]. Les courtisans qui jugèrent les chefs-d'œuvre de Racine et de Molière furent de bon goût, parce qu'ils n'eurent pas l'idée qu'ils étaient des juges. Si, dans leurs manières et leurs habits, ils furent toujours attentifs à imiter quelqu'un, dans leur façon de penser sur la littérature, ils osèrent franchement

---

1. *Tom Jones*, roman anglais de Fielding. Cf. p. 60. — 2. *Tableaux de famille*, roman par Aug. Lafontaine. — 3. *Puritains*, œuvre de Walter Scott. — 4. *Retour imprévu*, comédie de Regnard (1700), en 1 acte. — 5. « Le bonhomme Corneille est mort ces jours-ci », dit Dangeau. Aujourd'hui il y aurait quatre discours prononcés au Père-Lachaise et le lendemain insérés au *Moniteur*. (Note de l'auteur.)

être eux-mêmes. Que dis-je, oser ? Ils n'eurent pas même la peine d'*oser*. La littérature n'était qu'une bagatelle sans conséquence ; il ne devint essentiel, pour la considération, *de bien penser sur les ouvrages de l'esprit* [1] que vers la fin de Louis XIV, lorsque les lettres eurent hérité de la haute considération que ce roi avait accordée aux Racine et aux Despréaux.

On juge toujours bien des choses qu'on juge avec naturel. Tout le monde a raison dans son goût, quelque baroque qu'il soit, car on est appelé à voter par tête. L'erreur arrive au moment où l'on dit : « Mon goût est celui de la majorité, est le goût général, est le *bon goût*. »

Même un *pédant*, jugeant *naturellement*, d'après son âme étroite et basse, aurait droit à être écouté. Car, enfin, c'est un spectateur, et le poète veut plaire à tous les spectateurs. Le pédant ne devient ridicule que quand il se met à juger avec un goût appris, et qu'il veut vous persuader qu'il a de la délicatesse, du sentiment, etc., etc. ; par exemple, Laharpe commentant *le Cid* et les rigueurs du point d'honneur, au sortir d'un ruisseau où un nommé Blin de Sainmore [2] le jeta, un jour que l'académicien, fort paré, allait dîner chez un fermier général. Le commentateur du *Cid*, quoique un peu crotté, fit, dit-on, fort bonne contenance à table.

L'une des conséquences les plus plaisantes du *bégueulisme*, c'est qu'il est comme l'oligarchie, il tend toujours à s'épurer. Or, un parti qui s'épure se trouve bientôt réduit au *canapé des doctrinaires* [3].

L'on ne peut dire où fût arrivée la délicatesse du langage, si le règne de Louis XIV eût continué. M. l'abbé Delille ne jouissait déjà plus de la moitié des mots employés par la Fontaine. Tout ce qui est naturel, bientôt fût devenu ignoble et bas ; bientôt il n'y eût pas eu mille personnes parlant noblement dans tout Paris.

Je ne citerai point des exemples trop anciens pour qu'on s'en souvienne. Il y a deux ans (février 1823), lorsqu'il s'est agi d'aller délivrer l'Espagne et lui rendre le bonheur dont elle jouit aujourd'hui, n'avons-nous pas vu quelques salons du faubourg Saint-Germain trouver de mauvais ton le

---

1. Titre de l'ouvrage d'un jésuite (Bouhours, je crois), du temps, qui eut beaucoup de succès. (Note de l'auteur.) — 2. Adrien Michel BLIN DE SAINMORE (1733-1807), fut censeur royal de la *Gazette de France*, conservateur de la Bibliothèque de l'Arsenal, Un des fondateurs de la *Société philanthropique* : connu par ses *Héroïdes*, il donna la tragédie d'*Orphanis* qui trouva de nombreux détracteurs. — 3. *Canapé des doctrinaires*. Doctrinaire, nom donné sous la Restauration à ceux qui professaient la philosophie politique du juste milieu. Royer-Collard et Guizot étaient les principaux représentants ; plaisamment on disait que ses membres pouvaient tenir sur un canapé, étant peu nombreux.

discours de M. de Talleyrand [1] ? Or, je le demande, qui pourra se flatter d'avoir un bon langage, si un homme aussi bien né, et que l'on n'accuse point d'avoir fui les cours, peut être accusé de mauvais ton dans le style ? En y regardant bien, l'on pourrait découvrir jusqu'à trois ou quatre langues différentes dans Paris. Ce qui est grossier rue Saint-Dominique n'est que naturel au faubourg Saint-Honoré, et court le risque de paraître recherché dans la rue du Mont-Blanc. Mais la langue écrite, faite pour être comprise par tous et non pas seulement à l'Œil-de-Bœuf, ne doit avoir nul égard à ces modes éphémères.

C'est l'*affectation* qui siffle Molière trois fois par mois ; autrement l'on pourrait prévoir que bientôt il sera indécent et de mauvais ton de dire sur la scène française : « *Fermez cette fenêtre.* »

Je crois qu'il faut déjà dire : Fermez cette croisée. Mais le pauvre *bégueulisme*, malgré son *Journal des Débats*, malgré son Académie française recrutée par ordonnance, est blessé au cœur et n'ira pas fort loin. Remarquez que cette délicatesse excessive *n'existe qu'au théâtre* et n'est soutenue que par le seul *Journal des Débats*. Elle ne se voit déjà plus dans nos mœurs. L'affluence des gens de la province, qui viennent pour la Chambre des députés, fait que, dans la conversation, on parle assez pour se faire entendre [2].

CHAPITRE VII

DES SCÈNES PEIGNANT LES MŒURS PAR DES SITUATIONS FORTES ET DU *VIS COMICA*

La cour de Louis XIV exerçait profondément la sagacité du courtisan. Il fallait deviner chaque matin dans les yeux du maître si sa faveur baissait, ou même si elle durait encore. Comme le moindre geste était décisif, la moindre nuance était observée.

La république, au contraire, fait naître l'art des discussions, les attaques sérieuses, et l'*éloquence de siège*, propre à remuer les masses. La friponnerie du ministre est toujours assez

---

1. TALLEYRAND-PÉRIGORD, prince de Bénévent, servit tous les régimes. Il fut un merveilleux diplomate et joua un rôle prépondérant au congrès de Vienne. — 2. Réflexions de M. Alexandre Duval sur le style de la comédie au dix-neuvième siècle. Les trois quarts des charmantes plaisanteries de lord Byron, dans *Don Juan* et surtout dans le *Siècle de bronze*, seraient ignobles en français, et elles partent du génie le plus élevé et le plus dédaigneux de l'Angleterre. (Note de l'auteur.)

facile à voir ; le difficile, c'est de la rendre palpable aux yeux du peuple et de faire qu'il s'en indigne. C'est du bon sens et de la patience qu'il faut pour distinguer un double emploi au travers des ombres amies d'un budget [1]. Il fallait des grâces, de la liberté d'esprit, un tact très fin, obéissant à la moindre nuance, une sagacité de tous les moments, pour acquérir ou conserver la faveur d'un despote ennuyé et d'un goût fort délicat [2] ; car, pendant cinquante ans, il avait été flatté par les hommes les plus aimables de l'Europe. Le courtisan, qui allait tous les matins lire son sort dans les yeux du roi, venait à son tour faire la destinée des gens qui lui faisaient la cour, et auxquels il communiquait les mêmes habitudes de pénétration. Cette habitude devint bientôt générale parmi tous les Français.

Le génie de Molière aperçut bien vite cette sagacité profonde de ses auditeurs, et il la fit servir à leurs plaisirs comme à sa gloire. Ses pièces sont remplies de scènes *probantes*, si j'ose parler ainsi, de scènes qui *prouvent* les caractères ou les passions des personnages qui y sont engagés. Ai-je besoin de rappeler *Le pauvre homme* [3] ! si à la mode aujourd'hui ; ou le *Grand Dieu ! pardonne-lui comme je lui pardonne* [4] ; — le *Sans dot* d'Harpagon [5] ; — le *Mais qu'allait-il faire dans cette galère* des *Fourberies de Scapin* [6] ; — le *Vous êtes orfèvre, monsieur Josse* [7] ; — le *Retire-toi, coquin* [8], d'Orgon à son fils Damis, qui vient d'accuser le bon M. Tartuffe ? mots célèbres qui ont enrichi la langue.

C'est ce que beaucoup de littérateurs classiques appellent *vis comica*, sans songer qu'il n'y a rien de comique à voir Orgon maudire et chasser son fils, qui vient d'accuser Tartuffe d'un crime évident ; et cela parce que Tartuffe répond par des phrases volées au catéchisme et qui ne prouvent rien. L'œil aperçoit tout à coup une des profondeurs du cœur humain, mais une profondeur plus curieuse que riante. Nous voyons un homme sage, tel qu'Orgon, se laisser convaincre par des phrases qui ne prouvent rien. Nous sommes trop attentifs, et j'oserais dire trop passionnés, pour rire ; nous voyons qu'il n'y a rien de si difficile à prouver que l'évidence, parce que d'ordinaire les gens qui ont besoin qu'on la leur fasse voir sont aveugles. Nous apercevons que l'évidence, notre grand appui dans notre action sur les autres hommes (car il faut bien persuader tous ceux à qui l'on ne peut commander) et l'appui au moyen duquel nous marchons

---

1. M. Hume, en Angleterre, à la Chambre des Communes, avant que M. Canning eût eu l'idée d'avoir recours à la bonne foi pour se soutenir en place. — 2. Lettres de madame de Maintenon. (Notes de l'auteur.) — 3. *Tartuffe*, act. I, scène IV. — 4. Mort du pauvre vieillard Llorente, en 1823. (Note de l'auteur.) — 5. *L'Avare*, act. I, s. v. — 6. *Fourberies de Scapin*, act. II, s. VII. — 7. *L'Amour médecin*, act. I, s. Ire. — 8. *Tartuffe*, act. III, s. VI.

souvent au bonheur, peut nous manquer tout à coup au moment où nous en aurons le plus pressant besoin ; une telle vérité annonce une sorte de danger ; or, dès qu'il y a *danger*, il n'est plus question de la comparaison futile qui fait naître le rire [1].

C'est bien là de la force, *vis ;* mais pourquoi y ajouter *comica* (qui fait rire) si l'on ne rit point ? Le *vis comica* est un des mots de la vieille littérature *classique*.

Le misanthrope de Shakspeare, intitulé *Timon d'Athènes*, est rempli de scènes très fortes et très belles ; mais on n'y rit point. C'est que ce ne sont que des scènes *probantes*, si l'on veut me passer ce terme. Par elles, le caractère du misanthrope est établi, aux yeux du spectateur, d'une manière supérieure à toute objection, et non pas sur des ouï-dire ou des récits de valets, mais sur des preuves incontestables, sur des choses que le spectateur voit se passer sous ses yeux.

Le Ménechme de mauvaise humeur, dans la comédie de ce nom, est le misanthrope plaisant, et Regnard s'en est emparé. Mais ce pauvre Regnard, toujours gai, comme les mœurs de la régence ou de Venise, n'a guère de scènes *probantes :* elles lui auraient semblé ennuyeuses ou tristes.

Ces scènes donc, qui sont fortes, mais qui ne sont pas comiques, donnent un très grand plaisir philosophique. Les vieillards aiment à les citer et rangent à la suite, par la pensée, tous les événements de leur vie, qui prouvent que Molière a vu juste dans les profondeurs du cœur humain. On songe souvent à ces scènes immortelles, on y fait sans cesse allusion, elles achèvent à tout moment nos pensées dans la conversation, et sont tour à tour des raisonnements, des axiomes ou des plaisanteries, pour qui sait les citer à propos. Jamais d'autres scènes n'entreront si avant dans les têtes françaises. En ce sens, elles sont comme les religions ; le temps d'en faire est passé. Enfin, il est peut-être plus difficile de faire de telles scènes que les scènes plaisantes de Regnard. Orgon saisissant Tartuffe, au moment où celui-ci, après avoir parcouru de l'œil tout l'appartement, vient embrasser Elmire, offre un spectacle plein de génie, mais qui ne fait pas rire. Cette scène frappe le spectateur, elle le frappe de stupeur, elle le *venge*, si l'on veut, mais *elle ne le fait pas rire*.

Que l'on trouve un autre mot d'admiration pour Molière, par exemple : « C'est le poète français qui a le « plus de génie, » j'y souscris de grand cœur et l'ai toujours pensé. Mais ne nous laissons point éblouir par un grand homme ;

---

1. Voilà le sentiment dont l'absence laisse les *kings* des imbéciles. Ils n'ont jamais, ou bien rarement, le *besoin de persuader :* de là la difficulté de les persuader eux-mêmes. (Note de l'auteur.)

ne lui prêtons pas les qualités qu'il n'a pas. Faut-il adorer l'ignoble despotisme parce que son trône a été paré d'un homme tel que Napoléon ?

Quelque grand que soit Molière, *Regnard est plus comique* ; il me fait rire plus souvent et de meilleur cœur, et cela malgré l'extrême infériorité de son génie. Où ne fût pas arrivé Molière s'il eût travaillé pour la cour du Régent, en 1720, au lieu de vivre sous Louis XIV ! Boileau aura beau dire :

> Dans le sac ridicule où Scapin s'enveloppe,
> Je ne reconnais plus l'auteur du *Misanthrope*.
>
> (*Satire*.)

Je laisse au pauvre Boileau, le poète de la raison, sa dignité de bourgeois admis à la cour de Louis XIV, et sa froideur naturelle.

La comédie du *Misanthrope* est comme un palais magnifique et splendide, construit à grands frais, et où je m'ennuie, où le temps ne marche pas. Celle des *Fourberies* est une jolie petite maison de campagne, un charmant *cottage*, où je me sens le cœur épanoui, et où je ne songe à rien de grave.

Toutes les fois que j'ai ri au *Ci-devant jeune homme* [1] ou au *Solliciteur* des Variétés [2], je sors en colère contre nos petits rhéteurs, qui ne permettent pas à MM. Ymbert et Scribe de faire des comédies en cinq actes pour le Théâtre-Français, et de développer à loisir les ridicules qu'ils ne peuvent aujourd'hui que croquer en passant.

Personne ne se présentera-t-il pour détrôner les pédants ? Laisserons-nous fausser encore une fois le goût de cette belle jeunesse, qui applaudit avec des transports si nobles aux leçons éloquentes des Cousin [3] et des Daunou [4] ? Elle est si peu dupe des masques politiques, restera-t-elle toujours dupe des masques littéraires ? Je voudrais, avant de me retirer de ce monde, rire une fois aux Français, à une pièce nouvelle. Est-ce trop prétendre ? Et toujours messieurs de l'Académie, qui sont *une classe*, et dont il n'est plus permis de se moquer sous peine de la prison, nous empêcheront-ils de rire, même quand nous ne songeons pas à leurs qualités brillantes ?

---

1. *Ci-devant jeune homme*, comédie de Brazier et de Merle. — 2. *Le Solliciteur*, comédie de Scribe et de Dupin. — 3. Victor Cousin (1792-1867), philosophe et homme politique, chef de l'école spiritualiste éclectique, bien connu par son ouvrage : *Du Vrai, du Beau et du Bien*. — 4. Daunou (1761-1840), conventionnel et historien.

CHAPITRE VIII

DE LA MORALITÉ DE MOLIÈRE

Quoique je trouve assez peu digne d'attention tout ce que des gens à petites vues ont dit sur la *moralité* du théâtre, il est facile de voir que Molière n'est pas plus moral qu'un autre....

Molière a peint avec plus de profondeur que les autres poètes ; partant il a été plus moral : rien de plus simple. La moralité est dans le fond des choses. Plus on sera philosophe, plus on verra que la vertu est le chemin le plus probable du bonheur ; que dans les palais, comme sous le toit domestique, il n'y a guère de bonheur sans justice. Tout père tyran se dit quelquefois que, quinze jours après sa mort, sa famille se trouvera plus heureuse. Mais ces grandes questions font grimacer Thalie.

Dès que vous dogmatisez au théâtre, dès que vous injuriez un parti, dès que vous argumentez sur un point douteux, ceux de vos auditeurs qui ont de l'esprit s'imaginent que vous portez un défi à leur vanité. Au lieu de rire des ridicules de vos personnages, ou de sympathiser avec leurs malheurs, ils se mettent à chercher des arguments contraires aux vôtres. C'est ainsi que tout mélange de politique tue les ouvrages littéraires.

Molière est immoral. A ce mot, je vois les pédants me sourire. Non, messieurs, Molière n'est pas immoral, parce qu'il prononce le mot de *mari trompé* ou de *lavement* [1] ; on disait ces mots-là de son temps, comme du temps de Shakspeare l'on croyait aux sorcières. Les effets que ces détails peuvent produire aujourd'hui sont indépendants de la volonté de ces grands artistes.

Encore moins Molière est-il immoral, parce que le fils d'*Harpagon* manque de respect à son père, et lui dit :

> Je n'ai que faire de vos dons.

Un tel père méritait un tel mot, et la crainte de ce mot est la seule chose qui puisse arrêter un vieillard dans son amour immodéré pour l'or.

L'immoralité de Molière vient de plus haut. Du temps de madame d'Épinay [2] et de madame Campan [3], il y avait la

---

1. Voir, dans madame Campan, la réponse de Louis XVI. (*Note de l'auteur.*) — 2. Mme d'ÉPINAY, femme du fermier général ; elle fut liée avec les écrivains célèbres de son temps, Diderot, Duclos, J.-J. Rousseau, pour qui elle fit construire l'Ermitage dans son parc de la Chevrette. — 3. Mme CAMPAN (1752-1822) fut lectrice des tantes de Louis XVI, puis première femme de chambre de Marie-Antoinette. Plus tard, elle dirigea la maison d'Écouen. Elle a laissé des *Mémoires sur Marie-Antoinette* et un traité sur l'éducation.

manière approuvée et de bon goût de mourir, de se marier, de faire banqueroute, de tuer un rival, etc. Les lettres de madame du Deffand en font foi. Il n'y avait pas d'action de la vie, sérieuse ou futile, qui ne fût comme emprisonnée d'avance dans l'imitation d'un modèle, et quiconque s'écartait du modèle excitait le *rire*, comme se dégradant, comme donnant une marque de sottise. On appelait cela « *être de mauvais goût.* » Le supplice du général Lally fut de *bon goût* [1].

C'est par l'absence du *modèle* et le recours au *raisonnable* qu'un homme d'esprit, Espagnol ou Anglais, qui arrive en France, peut être ridicule ; et j'approuve qu'on l'affuble de ce ridicule. C'est peut-être par supériorité d'esprit que ce nouveau venu s'écarte des usages reçus ; mais, jusqu'à plus ample informé, la société a raison de croire que c'est par ignorance ; et prenez garde, l'ignorance des petits usages prouve à l'instant infériorité de rang, chose abhorrée dans l'aristocratie ; ou bien encore c'est par sottise. Dans tous les cas, si le nouveau venu mérite une exception par son esprit, qu'il fasse preuve d'esprit en se défendant contre nos critiques, cela nous amusera.

En 1780, lorsqu'un mousquetaire allait, à six heures du matin, frapper à la porte d'un conseiller aux enquêtes et l'enlever dans un fiacre, l'on disait le soir, en racontant les détails de cette expédition : « Les démarches du mousquetaire ont été fort bien, » ou : « Il a été de la dernière inconvenance. » D'après cet arrêt de la société, le mousquetaire était fait capitaine de cavalerie deux mois après, ou attendait une autre promotion.

Fidélité au patron convenu, mais fidélité libre pouvant, dans l'occasion, montrer quelque esprit : telle fut la manière d'éviter les ridicules dans une cour, et ce que nos pères appelaient l'*usage du monde*. De là les phrases : « *Cela se fait, Cela ne se fait pas, Cela ne ressemble à rien,* » si fréquentes dans la langue française.

En se donnant des ridicules, on perd la *considération*.

---

[1] Lettres d'Horace Walpole à madame du Deffand sur le général Lally. Dans sa lettre du 11 janvier 1769 (tome I, pages 31 et 32) à Horace Walpole, madame du Deffand s'exprimait sur la mort de Lally et sur les instants qui l'avaient précédée avec une légèreté vraiment atroce. Walpole laissa éclater une vive indignation dans sa réponse. On y lit ces phrases : Ah ! madame, madame, quelles horreurs me racontez-vous là ? Qu'on ne dise jamais que les Anglais sont durs et féroces. — Véritablement, ce sont les Français qui le sont. Oui, oui, vous êtes des sauvages, des Iroquois, vous autres. On a bien massacré des gens chez nous ; mais a-t-on jamais vu battre des mains pendant qu'on mettait à mort un pauvre malheureux, un officier général qui avait langui deux ans en prison ?... Mon Dieu ! que je suis aise d'avoir quitté Paris avant cette horrible scène ! Je me serais fait déchirer ou mettre à la Bastille. » (*Mémoires* de madame de Genlis.) (Note de l'auteur.)

Or, à la cour de Louis XV (où le mérite réel ne comptait guère), perdre de sa considération, c'était perdre sa fortune. Lorsqu'il se présentait un mois après une *vacance*, une place importante à donner, l'*opinion publique* de la cour déclarait qu'il était *ridicule* ou *convenable* pour monsieur un tel d'y prétendre.

C'est justement cette horreur de n'être pas comme tout le monde qu'inspire Molière, et voilà pourquoi il est *immoral*.

Résister à l'oppression, n'avoir pas horreur d'un péril, parce qu'il est *obscur*, voilà ce qui peut s'appeler n'être pas comme *tout le monde*, et voilà pourtant comme il faut être de nos jours pour vivre heureux ou inattaqué par le sous-préfet du coin. Tout homme timide qui a horreur du péril, parce qu'il est *obscur*, trouvera toujours un sous-préfet pour le vexer.... En France, ces sortes de caractères n'ont d'autre refuge que Paris, où ils viennent peupler la moitié des nouvelles rues.

Sous un roi, la mode n'admet qu'un modèle, et, si l'on me permet de traiter la mode comme un habit, qu'un *patron* ; sous un gouvernement comme celui de Washington, dans cent ans d'ici, lorsque l'oisiveté, la vanité et le luxe auront remplacé la tristesse presbytérienne, la mode admettra cinq ou six *patrons* convenus, au lieu d'un seul. En d'autres termes, elle tolérera beaucoup plus d'originalité parmi les hommes, et cela dans la tragédie comme dans le choix du boguey, dans le poème épique comme dans l'art de nouer la cravate, car tout se tient dans les têtes humaines. Le même penchant à la pédanterie, qui nous fait priser, avant tout, en peinture, le dessin, qui n'est presque qu'une science exacte, nous fait tenir à l'alexandrin et aux règles précises dans le genre dramatique, ou à la symphonie instrumentale durement raclée et sans âme dans la musique.

Molière inspire l'horreur de n'être pas comme tout le monde. Voyez, dans *l'École des maris*, Ariste, le frère raisonneur, parler de la mode des vêtements à Sganarelle, le frère original. Voyez Philinte prêchant le misanthrope Alceste sur l'art de vivre heureux. Le principe est toujours le même : *être comme tout le monde* [1].

Cette tendance de Molière fut probablement le motif politique qui lui valut la faveur du grand roi. Louis XIV n'oublia jamais que, jeune encore, la Fronde l'avait forcé à sortir de Paris. C'est depuis César que les gens du pouvoir haïssent les originaux qui, tels que Cassius, fuient les plaisirs

---

1. Une dame de ma connaissance, pour s'occuper à la campagne, a essayé d'établir un petit cours de morale d'après le rôle du raisonneur de Molière. Ce petit travail lève tous les doutes ; je ne le place pas ici, il ferait longueur, et je crains déjà d'être bien long pour un pamphlet littéraire. (Note de l'auteur).

vulgaires et s'en font à leur guise. Le despote se dit : Ces gens-là pourraient bien avoir du courage ; d'ailleurs, ils attirent les regards et pourraient bien, en un besoin, être chefs de parti. Toute notabilité qu'il ne consacre pas est odieuse au pouvoir.

Sterne [1] avait trop raison : nous ne sommes que des *pièces de monnaie effacées* ; mais ce n'est pas le temps qui nous a usés, c'est la *terreur du ridicule*. Voilà le vrai nom de ce que les moralistes appellent souvent l'*excès de civilisation*, la *corruption*, etc. Voilà la faute de Molière ; voilà ce qui tue le courage civil chez un peuple si brave l'épée à la main. L'on a horreur d'un péril qui peut être ridicule. L'homme le plus intrépide n'ose se livrer à la chaleur du sang qu'autant qu'il est sûr de marcher dans une route approuvée. Mais aussi quand la chaleur du sang, l'opposé de la vanité (passion dominante), produit ses effets, on voit les incroyables et sublimes folies des attaques de redoute, et ce qui est la terreur des soldats étrangers sous le nom de *furia francese*.

Éteindre le *courage civil* fut évidemment la grande affaire de Richelieu et de Louis XIV [2].

Une femme aimable me disait, ce soir, dans son salon : « Voyez comme on nous abandonne ; nous voici sept femmes seules ; tous ces messieurs sont là-bas autour de la table d'*écarté*, ou contre la cheminée à parler politique. » Je me suis dit tout bas : Molière réclame sa part de cette sottise, n'est-ce pas là un des effets des *Femmes savantes ?*

Les femmes, craignant mortellement le ridicule que Molière jette à pleines mains sur la pédante Armande, au lieu d'apprendre des idées, apprennent des notes de musique ; les mères ne redoutent point du tout le ridicule de faire chanter à leurs filles :

> Di piacer mi balza il cor,
> E l'amico che farà ?
>
> (*Gazza ladra.* [3])

car Molière ne l'a pas nommé en public dans les *Femmes savantes*.

D'après cette belle manière de raisonner, depuis la chute du genre frivole (1788), les femmes ne peuvent plus qu'aimer

---

[1]. Laurence STERNE (1713-1768), écrivain humoristique né en Irlande. Son premier ouvrage, *Tristram Shandy*, eut un immense succès grâce à la finesse de l'observation et à l'esprit qui anime ce récit bouffon. Citons encore le *Voyage sentimental*. — [2]. Les *Confessions* d'Agrippa d'Aubigné ressemblent à un roman de Walter Scott ; on y voit combien les périls obscurs étaient encore bienvenus en France vers l'an 1600. (Note de l'auteur.) — [3]. La cour bondit de plaisir et l'ami que fera-t-il ? (*La Pie voleuse*) op., de Rossini.

ou que haïr ; elles ne sauraient, le plus souvent, discuter et comprendre les raisons d'aimer et de haïr.

Si, du temps de madame Campan ou de madame la duchesse de Polignac, les femmes n'étaient pas *délaissées*, c'est qu'elles comprenaient fort bien et mieux que personne les ridicules de la cour ; c'est tout simple, puisqu'elles les faisaient ; et l'opinion de la cour, c'était la fortune [1]. La finesse d'esprit des femmes, la délicatesse de leur tact, leur ardeur passionnée pour faire la fortune de leurs amis [2], les ont rendues admirables pour tenir une cour comme pour la peindre [3]. Malheureusement les objets de l'attention publique ont changé, et les femmes qui n'ont pas couru assez vite à la suite des événements sont hors d'état de comprendre les raisons qui rendent une *protestation* ridicule ou admirable. Elles ne peuvent que répéter, d'après l'homme qu'elles aiment : C'est exécrable, ou : C'est sublime. Or l'approbation portée à ce point, au lieu d'être flatteuse, n'est qu'ennuyeuse.

Beaucoup de femmes de Paris trouvent un bonheur suffisant à s'habiller chaque soir avec beaucoup de soins, à monter en voiture, et à aller paraître une demi-heure dans un salon où les hommes parlent entre eux d'un côté, tandis que les femmes se regardent d'un œil critique entre elles. Au milieu d'une société ainsi arrangée, une femme qui n'aurait pas une vanité assez robuste pour vivre uniquement de jouissances de cette espèce serait fort malheureuse ; elle ne trouverait que du vide dans tout ce qui fait les plaisirs des autres femmes ; elle passerait pour singulière ; la société qu'elle offenserait à son insu, par sa manière particulière de sentir, serait juge et partie contre elle, et la condamnerait tout d'une voix. Je vois au bout de trois ans cette femme perdue de réputation, et, en même temps, la seule digne d'être aimée. Il est vrai qu'on peut rompre le cours de cette méchante sottise du public par un séjour de six mois à la campagne.

La manie raisonnante et l'amour des chartes s'étant, par malheur, emparé des peuples, l'esprit de charte en faisant son tour d'Europe, apercevra un jour à ses pieds les *vieilles convenances*, et les brisera d'un coup d'aile. Alors tombera

---

1. Lettres de madame du Deffand à Horace Walpole. — 2. Mémoires de Marmontel. — 3. C'est dans les lettres de madame de Sévigné, de madame de Caylus, de mademoiselle Aïssé, etc., qu'il faut chercher le *Siècle de Louis XIV*. Celui de Voltaire est puéril, à peu près comme la *Révolution* de madame de Staël. On sent trop que Voltaire eût donné tout son génie pour avoir de la naissance. Entraîné par l'élégance de ses mœurs, Voltaire n'a vu le *Siècle de Louis XIV* que dans les embellissements de Paris et dans les arts. Il est singulier qu'un homme d'honneur, attaqué impunément par la canne d'un grand seigneur, s'obstine à adorer le régime politique qui l'expose à ce petit désagrément. (Notes de l'auteur).

cette maxime célèbre, le palladium du savoir-vivre de nos grands-pères : *Il faut être comme un autre ;* alors aussi paraîtra la décrépitude de Molière.

L'amour, le grand amour passionné, et, à son défaut, les sentiments de famille, fondés sur la tendresse sentie en commun, pour les enfants, voilà les liens puissants qui nous attachent aux femmes, dès notre début dans la vie. Plus tard, notre bonheur serait encore de vivre auprès d'elles ; un peu froissés par l'**égoïsme** et les tromperies des hommes, que nous connaissons trop bien, nous désirons achever doucement notre vie auprès de celles qui firent le charme de ses premiers moments, et dont l'imagination toujours vive et brillante nous rappelle encore la plus belle moitié de l'amour.

Telle est la manière de passer les dernières journées de l'automne, en ces pays fortunés où le despotisme du *ridicule*, plus qu'on ne pense le soutien et l'ami d'un autre despotisme, est resté inconnu ; dans ces contrées où l'aimable monarchie à la Philippe II, non déguisée par les menteries des gens de cour jouant le bonheur, n'a pu tromper les peuples et est restée, avec sa face hideuse et son regard affreux, exposée à tous les yeux. L'instruction publique n'étant qu'une moquerie, toutes les idées s'acquièrent par la conversation, et les femmes ont autant de génie, pour le moins, que les hommes. Comme il n'y a point eu de cour toute-puissante sur l'opinion, tenue par un despote jaloux de toutes les supériorités, il est resté permis à tout le monde de chercher le bonheur à sa manière.

Une femme, supérieure par son esprit, à Rome ou à Venise, est admirée, redoutée, adorée ; mais personne ne songe à la perdre par le ridicule. L'entreprise serait absurde, et l'on ne comprendrait pas même, en ces pays heureux, la phrase dont je me sers. Comme son salon est, en dernière analyse, celui où on s'amuse le plus, la société s'accoutume à quelques erreurs un peu vives si elle a à se les reprocher, et finit toujours par lui revenir. Le béguculisme est laissé dans un coin à bâiller et à maudire. Voyez les princesses romaines du dernier siècle, celle, par exemple, qui disposa de la tiare en faveur de Pie VI [1]. Les grands de leurs temps, qu'ils s'appellent Querini [2], Consalvi [3] ou Canova [4], ont trouvé chez elles des confidentes pour toutes leurs idées, des conseillères pour tous leurs projets, et, enfin, jamais cette

---

1. Madame Falconieri, grande dame fort intrigante, et qui passait pour avoir beaucoup de crédit ; elle était mère de la jeune personne qui est devenue, dans la suite, duchesse de Braschi, par son mariage avec l'un des neveux de Pie VI. (Note de l'auteur.) — 2. Le dernier grand homme de Venise. (Note de l'auteur.) — 3. CONSALVI (1757-1824), cardinal, fut chargé par Pie VII de venir en France (1804) et de signer le Concordat. — 4. CANOVA, cf. p. 61, note 1.

infériorité morale si affreuse à découvrir dans ce qu'on aime.

Je ne crains point de paraître un jour suranné, en parlant d'un trait de courage récent et qui occupe tous les esprits en France [1]. Eh bien ! la femme que j'aime, vous dirait un jeune homme, a l'âme qu'il faut pour l'admirer et avec enthousiasme ; ce qui lui manque, c'est l'habitude d'un peu d'attention et de la logique nécessaire pour comprendre toute la beauté de ce trait magnanime et toutes ses conséquences.

Nul doute que Molière n'ait bien mérité de Louis XIV, en disant aux femmes, représentées par Bélise : « Gardez-vous d'acquérir des idées. »

> ... Une femme en sait toujours assez
> Quand la capacité de son esprit se hausse
> A connaître un pourpoint d'avec un haut-de-chausse.
>
> (*Les Femmes savantes*, acte II, scène VII.)

Ce n'est point Louis XIV que je blâme ; il faisait son métier de roi. Quand ferons-nous le nôtre, nous hommes nés avec six mille francs de rente ? La preuve que Louis XIV voyait juste, c'est qu'une petite bourgeoise de Paris, la fille d'un simple graveur, trop pauvre pour aller au spectacle, et qui peut-être n'avait jamais vu *les Femmes savantes*, madame Roland, a fait manquer par un esprit pénétrant plusieurs grands projets savamment combinés par les conseillers secrets de Louis XVI. Il est vrai qu'elle avait eu la sottise de lire dans sa jeunesse ; et je viens de voir gronder à fond une jeune fille charmante, quoiqu'elle n'ait que douze ans, parce qu'elle avait osé ouvrir un livre que lit sa mère, le livre le plus honnête du monde. Là-dessus est arrivé le maître de musique, qui lui a fait chanter, en ma présence, le duetto de l'*Italiana in Algeri* [2][1]

> Sarà quel che sara
> Ai capricci della sorte, etc.
>
> (Acte Ier [3].)

Mère aimable et d'un esprit supérieur, les livres sont comme la lance d'Achille, qui seule pouvait guérir les blessures qu'elle faisait ; enseignez à votre fille l'art d'éviter l'erreur, si vous voulez qu'elle puisse résister un jour aux séductions de l'amour, ou à celles de l'hypocrisie à quarante ans. En politique, comme dans l'éducation la plus privée, une baïonnette ne peut rien contre une doctrine. Tout au plus, elle peut faire redoubler d'attention pour la saisir. Les livres se multiplient si rapidement que votre aimable fille

---

1. Résistance de M. Manuel, le 4 mars 1823, à la décision de la veille, qui l'excluait de la Chambre des députés. (Note de l'auteur). — 2. Opéra de Rossini. — 3. Il sera ce qu'il sera aux caprices de la fortune.

rencontrera celui que vous redoutez, fût-ce dans l'armoire d'une auberge de campagne. Et alors, voyez comme ce prétendu mauvais livre se vengera de vos gronderies passées ; ce sera à lui à jouer le beau rôle, et à vous à avoir la laide mine d'une police attrapée. Un jour, peut-être, vous ne serez plus pour votre fille qu'une femme envieuse qui a cherché à la tromper. Quelle image affreuse pour une mère !

Molière a voulu rendre impossible, par le succès des *Femmes savantes*, l'existence de femmes dignes d'entendre et d'aimer le misanthrope Alceste ; madame Roland l'eût aimé [1]. Et un tel homme, soutenu par un cœur digne de l'entendre, eût pu devenir un héros citoyen, un Hampden [2]. Voyez le danger, et souvenez-vous qu'un despote a toujours peur.

Mais, me dit-on, Molière n'a pas songé à toutes ces profondeurs machiavéliques, il n'a voulu que faire rire. En ce cas, pourquoi dire que Regnard est immoral et que Molière ne l'est pas ?

La comédie des *Femmes savantes* est un chef-d'œuvre, mais un chef-d'œuvre immoral et qui ne ressemble à rien. L'homme de lettres dans la société n'est plus un bouffon nourri par les grands seigneurs, c'est un homme qui s'amuse à penser au lieu de travailler, et qui est conséquemment peu riche ; ou bien c'est un homme de la police payé par la trésorerie pour faire des pamphlets. Est-ce là Trissotin ou Vadius ?

CHAPITRE IX

DE LA MORALITÉ DE REGNARD

Il y a cinquante ans, sous le règne décent de madame Dubarry ou de madame de Pompadour, nommer une immoralité, c'était être immoral.

Beaumarchais a présenté une mère coupable dans toutes les horreurs du remords ; s'il est un spectacle au monde propre à faire frémir, c'est celui de la pauvre comtesse Almaviva aux genoux de son mari. Et ce spectacle est vu tous les jours par des femmes qui n'auraient jamais lu aucun sermon, fût-ce celui de Bourdaloue contre *Tartuffe*. N'importe, Beaumarchais est immoral. — Dites qu'il n'est pas assez gai, que sa comédie fait souvent horreur, l'auteur

---

1. Sous le nom de madame Roland, je m'indique à moi-même le nom de femmes d'*un génie supérieur* qui vivent encore. (Note de l'auteur.) — 2. HAMPDEN (1594-1643), homme politique anglais. Il devint un des membres les plus influents du Long-Parlement. Son désintéressement, sa probité lui valurent une extrême popularité.

n'ayant pas eu l'art sublime qui, dans *Tartuffe*, tend sans cesse à diminuer l'odieux. — Non, Beaumarchais est souverainement indécent. — A la bonne heure. Nous sommes trop près de cet homme d'esprit pour le juger. Dans cent ans, le faubourg Saint-Germain n'aura pas eu le temps de lui pardonner l'attrape qu'il fit au despotisme des convenances, en 1784, en faisant jouer son délicieux *Figaro*.

Regnard est *immoral*, me dit-on ; voyez son *Légataire universel* [1].

Le sublime du talent de cet homme aimable, auquel manquent la passion de la gloriole littéraire et le génie, c'est de nous avoir fait rire en présence d'une action si odieuse. La seule leçon morale que la comédie puisse fournir, l'*avertissement aux attrapés* et aux ridicules, est donnée, et pourtant cette haute leçon ne nous a coûté ni un seul instant d'ennui, ni un seul mouvement de haine impuissante. C'est plus qu'on ne peut dire de *Tartuffe*. Je ne puis plus revoir ce chef-d'œuvre sans songer au bourg de Saint-Quentin-sur-Isère et à certaine *Réponse aux lettres anonymes* [2].

Le *Légataire universel*, voilà, ce me semble, la perfection, *quant à la manière de peindre*, de l'art comique. Les Anglais font un *Beverley* [3] qui se tue ; c'est me montrer spirituellement un des inconvénients de cette triste vie.... Je n'ai que faire d'un tel tableau. Je sais que de reste que la vie n'est pas chose gaie. Dieu nous délivre des drames et des dramaturges, et avec eux de tout sentiment de haine ou d'indignation ! Je n'en trouve que trop dans mon journal. Au lieu du sombre et plat Beverley, Regnard me présente le brillant Valère, qui, d'abord, sachant qu'il est *joueur*, ne se marie pas ; voilà de la vertu, et juste tout ce qu'il en peut entrer dans une comédie.

Quand il se tuerait, il se tuerait gaiement, et sans y songer plus de temps qu'il n'en faut pour charger un pistolet. Mais non, un homme tel que Valère a assez de *courage moral* pour aller chercher des émotions en Grèce et faire la guerre aux Turcs, lorsqu'il ne lui restera plus que cinq cents louis.

L'aimable Regnard, sachant bien qu'il n'y a jamais plus

---

1. Pour la réfutation de l'anecdote à laquelle l'auteur fait allusion, cf. la notice de M. R. GAUTHERON en tête de son édition du *Légataire universel*. (Hatier 1926.). — 2. Allusion au forfait de l'abbé Maingrat, curé de Saint-Quentin, département de l'Isère. — Voir le pamphlet ayant pour titre : « *Réponse aux anonymes qui ont écrit des lettres à Paul-Louis Courier, vigneron*, n° 2, datée de Vérety, le 6 février 1823. » Voilà une tendance immorale. O hommes puissants ! puisque vous avez le front de parler d'immoralité, voyez trente mille jeunes gens attendant aux derniers rayons du soleil d'une belle soirée de printemps..., dans une boîte, au fond de ce temple solitaire !... (Note de l'auteur.) — 3. *Beverly*, cette pièce fut adaptée au théâtre par Saurin.

d'une vraie passion à la fois dans le cœur humain, fait dire à Valère, abandonné par une maîtresse qui le regrette :

> . . . . . Et le jeu, quelque jour,
> Saura bien m'acquitter des pertes de l'amour [1].

Voilà la vraie comédie. Au génie près, cela vaut mieux que d'envoyer le pauvre misanthrope mourir d'ennui et de mauvaise humeur dans son château gothique, au fond de la province. C'est le sujet du *Joueur*. Le premier, si sombre par son essence, finit gaiement. Le misanthrope, qui pouvait être fort gai, car il n'a que des ridicules, finit d'une manière sombre. Voilà la différence de la tendance des deux auteurs ; voilà la différence de la vraie comédie, destinée à égayer des gens occupés, et de celle qui cherchait à amuser des gens *méchants sans autre occupation que la médisance*. Tels furent les courtisans de Louis XIV.

Nous valons mieux, nous haïssons moins que nos ancêtres : pourquoi nous traiter comme eux [1] ?

Alceste n'est qu'un pauvre républicain dépaysé. Si l'on avait su la géographie, du temps de Molière, Philinte aurait dit à son ami : Partez pour la naissante Philadelphie. Ce génie bourru était tout fait pour le républicanisme ; il serait entré dans une église puritaine à New-York et y eût été reçu comme Gribourdon en enfer.

L'on a, je crois, plus de bonheur à Washington, mais c'est un gros bonheur, un peu grossier, qui ne convient guère à un abonné de l'opéra buffa. On y trouve sans doute des flots de *bon sens* ; mais l'on y rit moins qu'à Paris, même le Paris actuel, emprisonné depuis sept à huit ans par les haines entre le faubourg Saint-Germain et la Chaussée-d'Antin.

Voyez depuis deux mois (mars 1823) les ridicules essayés contre un ministre, M. de Villèle, dont on envie la place. A Washington, on eût attaqué ce ministre par des raisonnements d'une évidence mathématique. Le ministre n'en fût pas plus tombé ; la seule différence, c'est que nous n'aurions pas ri. Le gouvernement là-bas n'est qu'une maison de banque payée au rabais pour vous donner la justice et la sûreté personnelle. Mais aussi un gouvernement fripon ne fait pas l'éducation des hommes, qui restent un peu grossiers et sauvages. J'estime beaucoup nos petits fabricants de campagne, la vertu est dans la classe des petits propriétaires

---

1. *Le Joueur*, ACT. V. s. XI. La citation est inexacte :
   Va, va, consolons-nous, Hector; et quelque jour,
   Le jeu m'acquittera des pertes de l'amour.
2. Voir la France de 1620 dans le premier volume des *Mémoires* de Bassompierre. Les changements politiques ne passent dans les mœurs qu'après cent ans. Voyez la tristesse sombre de Boston. (Note de l'auteur.)

à cent louis de rente ; mais je bâillerais si j'étais admis à leurs dîners durant quatre heures.

Le *rire* est un trait de nos mœurs monarchiques et corrompues que je serais fâché de perdre. Je sens que cela n'est pas trop raisonnable ; mais qu'y faire ? je suis né Français, j'aime mieux souffrir une injustice que de bâiller six mois, et quand je suis avec des gens grossiers je ne sais que dire. La *république* est contraire au *rire*, et c'est pourquoi je me console de vivre aujourd'hui plutôt que dans cent ans. Les républicains s'occupent sans cesse de leurs affaires avec un sérieux exagéré. Il se trouve toujours quelques Wilkes [1] pour les faire trembler sur le danger imminent de la patrie qui s'en va périr dans trois mois. Or tout homme, je ne dis pas *passionné*, mais seulement *occupé sérieusement* de quelque chose ou de quelque intérêt, ne peut *rire ;* il a bien autre chose à faire que de se comparer *oiseusement* à son voisin.

Les Regnard ont besoin d'insouciance ; c'est pour cela qu'il n'y a guère de comédies en Italie, le pays de l'amour et de la haine. Rossini, quand il est bon, me fait rêver à ma maîtresse. M. Argan, le malade imaginaire, me fait rire, dans les moments où j'ai l'âme grossière, aux dépens de la triste humanité. Ce ridicule-là est un ridicule de républicains.

A quoi arrivera ce jeune homme de vingt ans qui est venu m'emprunter ce matin mon exemplaire de Malthus, et que je vois débuter dans la carrière politique, même vertueuse ? Il va s'occuper dix ans de discussions politiques sur le juste et l'injuste, le légal et l'illégal.

Dois-je approuver davantage ce sage philosophe qui, retiré du monde à cause de sa faible poitrine, passe sa vie à trouver de nouvelles raisons de se mépriser soi-même ainsi que les autres hommes ? — Un tel être ne peut rire. Que voit-il dans le charmant récit du combat de nuit que *Falstaff* fait au prince Henri ? — Une misère de plus de la pauvre nature humaine, un plat mensonge fait pour un vil intérêt d'argent. Dès qu'on est là, l'on voit juste, si vous voulez ; mais l'on n'est plus bon qu'à orner le banc des marguilliers d'une église puritaine, ou à faire un commentaire sur le Code pénal, comme Bentham [2].

Mais, me dira un rieur alarmé, en perdant la cour, avons-nous perdu tout ce qui est ridicule, et ne rirons-nous plus parce qu'il n'y a plus d'Œil-de-Bœuf ? — D'abord, il est possible qu'on nous rende l'Œil-de-Bœuf ; on y travaille fort. En second lieu, heureusement, et par bonheur pour les intérêts du rire, nous n'avons que *déplacé* l'objet de notre

---

1. L'un des champions de la liberté politique en Angleterre. Né à Londres en 1727, mort en 1797. (Note de l'auteur.) — 2. BENTHAM (1747-1832), célèbre publiciste et jurisconsulte anglais.

culte ; au lieu d'être à Versailles il est sur le boulevard : la *mode*, à Paris, remplace la *cour*.

Je disais hier soir à un petit bonhomme de huit ans et demi : « Mon ami Edmond, voulez-vous que je vous envoie demain des meringues ? — Oui, si elles sont de chez Félix [1] ? Je n'aime que celles-là ; celles qui sont prises ailleurs ont un goût détestable... » J'embrassai mon ami et le pris sur mes genoux ; il était parfaitement ridicule. Je fis comme une grande dame pour Rousseau, je voulais voir de plus près son ridicule. En l'examinant, je remarquai qu'il était vêtu d'une casaque bleue avec une ceinture de cuir, je lui dis : « Vous voilà en Cosaque ? — *Non, monsieur, je suis en Gaulois ;* » et je vis que la mère, jolie femme sérieuse de vingt-cinq ans, me regardait de mauvais œil, pour avoir eu la maladresse de ne pas reconnaître l'habit gaulois ; c'est *qu'il faut être* en Gaulois.

Comment veut-on que mon petit ami songe, à vingt ans, à autre chose au monde qu'à ses éperons et à sa mine militaire et bourrue entrant au café ? Me voilà tranquille pour la génération qui s'élève ; le ridicule n'y manquera pas, ni la comédie non plus, si nous savons nous défaire de la censure et de la Harpe. Le premier est l'affaire d'un instant ; le bon goût à acquérir est une chose plus longue : il faudra peut-être trois cents pamphlets et six mille articles littéraires signés Dussault [2].

Molière savait aussi bien et mieux que Regnard l'art de tirer du comique des choses les plus odieuses ; mais la *dignité* que Louis XIV avait fait passer dans les mœurs s'opposait à ce qu'on goûtât ce genre. Pour ridiculiser les médecins, il faut les représenter ordonnant des remèdes *ab hoc et ab hâc* à leurs malades. Mais ceci se rapproche du rôle de l'assassin : c'est de l'odieux ; on est indigné ; partant plus de rire. Que faire ? — Charger, malgré lui, du rôle de médecin, un bon vivant, le plus insouciant des hommes, et partant le plus éloigné possible, à nos yeux, du rôle d'assassin. Cet homme sera forcé de prescrire des remèdes au hasard ; les personnages qui l'entourent le prendront pour un véritable médecin ; il en aura toutes les apparences, et un peuple malin et spirituel ne pourra plus voir de médecin véritable auprès d'une jeune personne sans rappeler par un mot Sganarelle ordonnant une prise *de fuite purgative avec deux dragmes de matrimonium en pilules* [3]. Le but du poète sera rempli ; les médecins ont un ridicule, et la savante absurdité de la fable a sauvé de la noire horreur.

---

1. Pâtissier dans le passage des Panoramas. (Note de l'auteur.) — 2. Dussault (1769-1824), littérateur, écrivait ses critiques pour les *Débats*. Il fut conservateur de la bibliothèque Sainte-Geneviève. — 3. *Le Médecin malgré lui*, acte III, scène VI.

J'ouvre les trois volumes qu'on nous donne pour les *Mémoires* de madame de Campan. « Pendant la première « moitié du règne de Louis XV, les dames portèrent encore « l'*habit de cour de Marly*, ainsi désigné par Louis XIV et « qui différait peu de celui adopté pour Versailles. La robe « française, à plis dans le dos, et à grands paniers, remplaça « cet habit et fut conservée jusqu'à la fin du règne de « Louis XVI, à Marly. Les diamants, les plumes, le rouge, « les étoffes brodées et lamées en or, faisaient disparaître « la moindre apparence d'un séjour champêtre. » (Je crois lire la description d'une cour chinoise).

« Après le dîner et avant l'heure du jeu, la reine, les « princesses et leurs dames, roulées par des gens à la livrée « du roi, dans des carrioles surmontées de dais richement « brodés en or, parcouraient les bosquets de Marly, dont les « arbres, plantés par Louis XIV, étaient d'une hauteur « prodigieuse. »

Cette dernière ligne a été écrite par Mme Campan ; il est peu probable qu'elle fût tombée sous la plume d'un écrivain du siècle de Louis XIV ; il eût pensé à quelque détail sur les broderies du dais des carrioles plutôt qu'aux grands arbres touffus et à leur ombrage. Cela n'avait aucun charme pour des grands seigneurs qui venaient d'habiter la campagne et les bois pendant un siècle.

Outre le genre sentimental qui jette un si bel éclat dans *le Renégat* [1] et *le Génie du Christianisme*, nous avons le sentiment véritable. Ce peuple-ci a découvert tout nouvellement les beautés de la nature. Elles étaient encore presque entièrement inconnues à Voltaire ; Rousseau les mit à la mode, en les exagérant avec sa rhétorique ordinaire. On en trouve le vrai sentiment dans Walter Scott, quoique ses descriptions me semblent souvent longues, surtout lorsqu'elles viennent se placer au milieu de scènes passionnées. Shakspeare a admis en de justes proportions la description des beautés de la nature : Antoine, dans son discours au peuple romain, sur le corps de César, et Banquo, dans sa réflexion sur la situation du château de Macbeth, et les hirondelles qui aiment à y faire leurs nids.

Comme, du temps de Molière, l'on n'avait pas encore découvert les beautés de la nature, leur sentiment manque dans ses ouvrages. Cela leur donne un effet sec ; c'est comme dans les tableaux de la première manière de Raphaël, avant que Fra-Bartholomeo [2] lui eût enseigné le clair-obscur. Molière était plus fait qu'un autre pour peindre les déli-

---

1. Titre d'un roman de M. le vicomte d'Arlincourt. (**Note de l'auteur.**)
— 2. *Fra-Bartholomeo*, né en 1469, célèbre peintre italien. A Florence il y a de lui des chefs-d'œuvre nombreux, ainsi qu'à Rome, Naples, etc. Le Louvre possède : *la Salutation angélique, sainte Catherine*, etc.

catesses du cœur. Éperdument amoureux et jaloux, il disait de celle qu'il aimait : « Je ne puis la blâmer, si elle sent à être coquette le penchant irrésistible que je sens à l'aimer ».

C'est un beau spectacle, bien consolant pour nous, que de voir l'extrême philosophie vaincue par l'amour. Mais l'art n'osait pas encore peindre cette nature-là. Racine l'eût peinte ; mais gêné par le vers alexandrin, comme un ancien paladin par son armure de fer, il n'a pas pu rendre avec netteté les nuances du cœur qu'il sentait mieux qu'un autre. L'amour, cette passion si visionnaire, exige dans son langage une exactitude mathématique ; elle ne peut s'accommoder d'un langage qui dit toujours trop ou trop peu (et qui sans cesse recule devant le mot propre).

Une autre cause de l'effet de sécheresse des comédies de Molière, c'est que de son temps on commençait seulement à faire attention aux mouvements de l'âme un peu délicats. Molière n'eût jamais fait *les Fausses confidences* ou *les Jeux de l'Amour et du Hasard*, de Marivaux, pièces que nous blâmons avec hypocrisie, mais qui donnent à tous les jeunes gens le sentiment délicieux de s'entendre dire : *Je vous aime !* par la jolie bouche de mademoiselle Mars.

Molière faisait péniblement le vers alexandrin ; il dit souvent trop ou trop peu, ou bien emploie un style figuré, ridicule aujourd'hui. Chez nous, c'est le naïf qui, en vieillissant, n'est jamais ridicule. L'emphase est contraire au génie de la langue. Je vois dans Balzac [1] le sort futur de MM. de Chateaubriand, Marchangy, d'Arlincourt et leur école.

DÉCLAMATION

Notre déclamation est à peu près aussi ridicule que notre vers alexandrin. Talma n'est sublime que dans des mots ; ordinairement, dès qu'il y a quinze ou vingt vers à dire, il chante un peu, et l'on pourrait battre la mesure de sa déclamation. Ce grand artiste a été sublime en devenant romantique, sans le savoir peut-être, et en donnant à certains mots de ses rôles l'expression simple et naturelle qu'avait Boissy-d'Anglas [2], sur son fauteuil de président, quand, en présence de la tête de Feraud [3], il refusait de mettre aux voix une proposition anticonstitutionnelle. Quelque rares que soient de telles actions, l'admiration nous les rend tou-

---

1. Membre de l'Académie française. Né en 1594, mort en 1655. (Note de l'auteur.) — 2. BOISSY-D'ANGLAS (1756-1826), conventionnel ; il a écrit : *Études littéraires et poétiques d'un vieillard*. — 3. FÉRAUD (1764-1795), conventionnel.

jours présentes, et elles forment le goût d'une nation. La tourbe des acteurs qui suit Talma est ridicule, parce qu'elle est emphatique et sépulcrale ; aucun d'eux n'ose dire avec simplicité, en un mot, *comme si c'était* de la prose :

> Connais-tu la main de Rutile ?
> (*Manlius.*)

Qu'ils aillent voir Kean [1] dans *Richard III* et *Othello*.

L'influence maligne du vers alexandrin est telle, que mademoiselle Mars, la divine mademoiselle Mars elle-même, dit mieux la prose que les vers ; la prose de Marivaux que les vers de Molière. Ce n'est pas, certes, que cette prose soit bonne ; mais ce qu'elle perd de naturel peut-être en étant de Marivaux, elle le regagne en étant prose ; c'est que ce qu'elle perd à être de *Marivaux*, elle le regagne à être *prose*.

Si Talma est meilleur dans le rôle de Sylla que dans celui de Néron, c'est que les vers de *Sylla* sont moins vers que ceux de *Britannicus*, moins admirables, moins pompeux, moins épiques, et partant plus vifs.

CHAPITRE X[2]

RÉPONSE A QUELQUES OBJECTIONS

I

Platon avait l'âme d'un grand poète, et Condillac [3] l'âme d'un chirurgien anatomiste. L'âme ardente et tendre de Platon a senti des choses qui resteront à jamais invisibles à Condillac et gens de son espèce. Il y a quelques années qu'un mauvais danseur de l'Opéra était en même temps un graveur fort distingué ; aurait-il été bienvenu à dire aux gens qui lui reprochaient de mal danser : « Voyez comme je grave, et la gravure n'est-elle pas un art bien plus noble que la danse ? »

---

1. KEAN (1787-1833), célèbre acteur anglais. — 2. Ce chapitre est en grande partie (de la page 57 à la page 72) la réponse de Beyle à une lettre que M. de Lamartine écrivait, à son sujet, à M. de M... le 19 mars 1823. Dans cette lettre, M. de Lamartine rendait compte de l'impression qu'il avait reçue à la lecture de la première partie de *Racine et Shakspeare*. Deux jours après, le 21 mars, Beyle écrivait sa : *Réponse à quelques objections*, ainsi que la préface qui est en tête de ce cahier. Pour l'intelligence du chapitre x et dans l'intérêt des lecteurs, on a cru devoir placer à la fin dudit chapitre la lettre de M. de Lamartine. Cette lettre a été trouvée piquée au soixantième feuillet du manuscrit de la main de Beyle. (Note de l'*Éditeur.*) — 3. CONDILLAC (1715-1780), philosophe, chef de l'École sensualiste. *Traité des sensations*.

Tel est Platon, âme passionnée, poète sublime, poète entraînant, écrivain de premier ordre et raisonneur puéril. Voyez, dans la traduction de M. Cousin, les drôles de raisonnements que fait Socrate (entre autres page 169, tome Ier).

L'idéologie est une science non seulement ennuyeuse, mais même impertinente. C'est comme un homme qui nous arrêterait dans la rue, nous proposant de nous enseigner à marcher. « Est-ce que je ne marche pas depuis vingt ans, lui répondrions-nous, et ne marché-je pas fort bien ? » Il n'en est pas moins vrai que les trois quarts des hommes marchent mal et de manière à se fatiguer bientôt. Les gens qui repousseraient avec le plus d'aigreur l'impertinente proposition sont ceux qui marchent le mieux, et qui ont inventé pour leur propre compte quelque art imparfait de bien marcher.

Il est agréable de croire apprendre l'idéologie en lisant un grand poète tel que Platon, obscur quelquefois, mais de cette obscurité qui touche et séduit les âmes élevées. Rien de sec, au contraire, et de décourageant comme les pages de Condillac ; comme il fait profession d'y voir clair et qu'il ne voit pas ce qu'il y a de généreux et de noble dans la vie, il semble la condamner au néant ; car nous sentons qu'il a la vue très nette. Voilà deux raisons pour lesquelles beaucoup de gens destinés aux arts par la nature, mais paresseux comme nous le sommes tous, dès qu'ils entreprennent de raisonner sur des choses un peu élevées et difficiles, se perdent dans la nue [1] avec le divin Platon. Si on les y attaque, ils se mettent bien vite en colère et disent à l'assaillant : « Vous avez l'âme froide, sèche et commune. — Du moins, n'ai-je pas de paresse, pourrait-on répondre, et me suis-je donné la peine d'apprendre l'idéologie dans les philosophes et non dans les poètes. »

S'il est un conte rebattu dans les livres, c'est celui-ci : Voltaire avait consenti à faire dire des vers à une jeune personne qui se destinait au théâtre. Elle commence un morceau du rôle d'Aménaïde. Le grand homme, étonné de sa froideur, lui dit : « Mais, mademoiselle, si votre amant vous avait trahi, lâchement abandonnée, que feriez-vous ? — J'en prendrais un autre, » répond ingénument la jeune fille. Voilà le bon sens de Condillac, opposé au génie de Platon. Je conviendrai sans peine que, dans les dix-neuf vingtièmes des affaires de la vie, il vaut mieux être raisonnable et de bon sens comme cette jeune fille prudente. Le mal, c'est quand de telles gens veulent se mêler des beaux-arts, en raisonner, ou, qui pis est, les pratiquer. Voyez les musiciens français. Les passions et les arts ne sont qu'une importance ridicule attachée à quelque petite chose.

---

1. J.-J. Rousseau, première page d'*Émile*. (Note de l'auteur.)

II

« Le *beau idéal* est le premier but des arts, et vous ne le dites pas. » Voilà la seconde objection que l'on me fait. Je réponds : J'ai cru que c'était chose convenue.

III

Il me reste deux choses à dire sur le *beau*.

La première, c'est que, quoique j'estime beaucoup les peintres qui font du *beau idéal*, tels que Raphaël et le Corrège, cependant je suis loin de mépriser ces peintres que j'appellerais volontiers *peintres-miroirs*, ces gens qui, comme Guapres [1], Poussin, reproduisent exactement la nature, ainsi que le ferait un miroir. Je vois encore, après cinq ans, en écrivant ceci, les grands paysages du Guaspre, qui garnissent les salles du palais Doria, à Rome, et qui reproduisent si bien cette sublime campagne de Rome. Reproduire exactement la nature, sans art, comme un miroir, c'est le mérite de beaucoup de Hollandais, et ce n'est pas un petit mérite ; je le trouve surtout délicieux dans le paysage. On se sent tout à coup plongé dans une rêverie profonde, comme à la vue des bois et de *leur vaste silence*. On songe avec profondeur à ses plus chères illusions ; on les trouve moins improbables ; bientôt on en jouit comme de réalités. On parle à ce qu'on aime, on ose l'interroger, on écoute ses réponses. Voilà les sentiments que me donne une promenade solitaire dans une véritable forêt.

Ces *peintres-miroirs*, dans tous les genres, sont infiniment préférables aux gens communs qui veulent suivre Raphaël. Si ces gens étaient capables de produire un effet, ce serait de dégoûter de Raphaël. Ainsi, Dorat [2], Destouches... ont voulu faire des comédies à l'instar de Molière. J'aime bien mieux le simple Carmontelle ou Goldoni [3], qui ont été les *miroirs de la nature*. La nature a des aspects singuliers, des contrastes sublimes ; ils peuvent rester inconnus au *miroir* qui les reproduit, sans en avoir la conscience. Qu'importe ! si j'en ai la touchante volupté.

C'est ainsi que je m'explique le charme des plus anciens peintres des écoles italiennes : Bonifazio [4], Ghirlandajo [5], Le Mantègne [6], Masaccio [7], etc.

1. GUASPRE (1613-1675), né à Rome, élève de Poussin. Il a excellé dans le paysage historique. — 2. DORAT (1734-1780), poète français né à Limoges. — 3. GOLDONI, cf. p. 66. — 4. BONIFAZIO (1491-1553), peintre de l'École vénitienne. Sa *Résurrection de Lazare* est au Louvre. — 5. GHIRLANDAJO (1459-1495), peintre italien d'un immense talent, fut le maître de Michel-Ange. Au Louvre : *Visitation de sainte Anne à la sainte Vierge*. — 6. LE MANTÈGNE (Montagna) (1430-1505), célèbre peintre italien, eut pour maître Jacques Bellini. Au Louvre : *Apollon faisant danser les Muses ; Les vices changés en vertus*, etc. — 7. MASACCIO (Th masso Guidi), peintre italien (1402-1443). Il décora de fresques l'église Saint-Clément, de Rome.

J'aime mieux une vieille pièce de Massinger [1] que le *Caton* d'Addisson [2]. Je préfère la *Mandragore* de Machiavel [3] aux comédies de M. l'avocat Nota [4], de Turin.

L'homme qui raconte ses émotions est le plus souvent ridicule ; car si cette émotion lui a donné le bonheur, et s'il ne parle pas de manière à reproduire cette émotion [5] chez ses auditeurs, il excite l'envie ; et plus il aura affaire à des âmes communes, plus il sera ridicule.

Il y a une exception pour la terreur ; nous ne trouvons jamais odieux les gens qui font des contes de revenant, quelque communs et grossiers qu'ils soient ; nous avons tous eu peur dans notre vie.

IV

Les artistes dans le genre grave sont sujets à tomber dans le dédain, qui est aussi la sottise, envers les artistes dont le but est de faire naître le *rire*. Les graves se prévalent d'un privilège injuste, et dont ils sont redevables au pur hasard, ce à quoi je ne vois guère d'élévation. Renvoyons cela à la vile carrière de l'ambition ; dans les arts, il faut plus de noblesse d'âme, ou l'on reste plat.

L'homme du peuple que l'on conduit au spectacle, dans l'admirable roman de *Tom-Jones* [6], trouve que c'est le roi de la tragédie qui a le mieux joué ; il s'indigne qu'on ose comparer un autre personnage au roi qui, d'abord, était le mieux vêtu, et qui, en second lieu, a crié le plus fort. Les gens du peuple, même ceux qui marchent en carrosse, reproduisent tous les jours ce beau sentiment qu'ils appellent un raisonnement. Ils font la mine à tout ce qui n'est pas très noble. C'est de cette classe privilégiée, destinée par la nature à aimer de passion les dindes truffées et les grands cordons, que partent les plus véhémentes injures contre notre pauvre Shakspeare.

Les artistes graves sont sujets à confondre, de bonne foi, ce qui est *comique* avec le *laid* ; c'est-à-dire, les choses créées défectueuses exprès, pour faire naître le rire, comme la manière de raisonner de Sancho, avec les choses tout bonnement laides par impuissance d'être belles, et que

---

1. MASSINGER (1584-1640), poète dramatique anglais. On le place après Shakspeare et Ben-Jonson. — 2. ADDISSON (1672-1719), écrivain anglais. *Caton* est son œuvre principale. — 3. MACHIAVEL (1469-1527), célèbre homme d'État italien, il fut aussi un historien. Dans son *Traité du Prince*, il indique comme moyens efficaces et légitimes la ruse, le mensonge, le parjure. *Le Prince* lui valut la faveur de Laurent de Médicis. — 4. Baron Albert NOTA, poète dramatique italien ; parmi ses œuvres : *La duchesse de La Valbini, les Plaideurs*, etc. — 5. Comme J.-J. Rousseau dans les *Confessions*. — 6. *Tom-Jones*, roman anglais de Fielding, 1750, le meilleur paru en Angleterre au xviiie siècle. Comédie en cinq actes en vers, par Desforges, sur la donnée de ce roman.

produit un artiste grave qui cherche le beau et qui se trompe ; par exemple, le sculpteur qui fit Louis XIV nu, en Hercule, à la Porte-Saint-Denis, et qui, comme M. Bosio, fidèle à la perruque, a conservé à ce prince la grande perruque bouffante, coûtant mille écus.

J'ai trouvé cette injustice envers le *rire* chez Canova [1] ; et Vigano a été, parmi les grands artistes que j'ai eu le bonheur d'approcher, le seul qui ait évité cette sottise !

Demandons-nous à la sculpture de rendre le mouvement, ou à l'art des David et des Girodet [2] de représenter une nuit parfaite ? Il serait également absurde d'exiger d'un artiste qu'il *sente* le mérite d'un autre artiste qui s'immortalise dans le genre immédiatement voisin du sien. S'il trouvait ce genre préférable, il le prendrait.

Après avoir expliqué, tant bien que mal, en mauvais italien, cette idée à Canova, je lui disais : « Voulez-vous vous ravaler, vous grand homme, à qui la forme d'un nuage, considérée à minuit, en rentrant chez vous, dans votre jeunesse, a fait répandre des larmes d'extrême plaisir, voulez-vous vous ravaler à la grossièreté d'âme de ce banquier à qui vingt-cinq ans d'arithmétique (M. Torlonia, duc de Bracciano) et des idées sordides ont valu dix millions ? Dans sa loge, au théâtre d'Argentina, il ne songe qu'au moyen d'attaquer l'impresario et de le payer dix sequins de moins. Il condamne hautement, comme manquant de dignité, les flonflons de Cimarosa [3] sur le mot *felicità*, et leur préfère savamment la musique noble et grave des Mayer [4] et des Paer [5]. Mais elle ennuie ! — Qu'importe ? elle est digne.

« Avouez donc bonnement, disais-je à Canova, et comme il convient à un grand homme tel que vous l'êtes, que *non omnia possumus omnes* ; que, quelque bons yeux que nous ayons, nous ne pouvons pas voir à la fois les deux côtés d'une orange.

« Vous, auteur sublime des *trois Grâces* et de la *Madeleine*, vous n'aimez dans la nature que ses aspects nobles et touchants ; ce sont les seuls qui vous jettent dans cette douce rêverie qui fit le bonheur de votre jeunesse, dans la lagune à Venise, et la gloire de votre vie. Vous ne seriez plus vous-même si d'abord vous voyiez le côté comique des choses. Le comique ne vaut pour vous que comme délassement.

« Pourquoi donc parlez-vous du comique, pourquoi prétendre dicter des lois sur un genre que vous ne sentez

---

1. Antoine CANOVA (1757-1822), sculpteur italien d'un grand talent. — 2. GIRODET-TRIOSON (1767-1824), peintre remarquable, élève de David. Citons : *le Sommeil d'Endymion, Joseph vendu par ses frères, Hippocrate repoussant les présents des Perses.* — 3. CIMAROSA, cf. p. 73. — 4. MAYER, compositeur allemand (1763-1846). — 5. PAER (1771-1839), compositeur italien. Il fut directeur du Théâtre Italien à Paris.

que d'une manière secondaire ? Voulez-vous donc absolument être universel ? Laissez cette prétention bizarre aux pauvres diables qui ne sont pas même particuliers.

« Avez-vous daigné observer comment le vulgaire acquiert la connaissance des hommes de génie ? Quand cent ans se sont écoulés, et qu'il voit que personne n'a approché de Milton, qu'il méprisait fort de son vivant, il le proclame un grand poète, et sur-le-champ explique son génie par quelque raison absurde.

« C'est ce qu'on appelle la manière arithmétique de sentir le *beau*. Est-elle faite pour vous ? Les biographes mentent sciemment quand ils vous montrent les grands hommes honorés de leur vivant ; le vulgaire n'honore que les généraux d'armée. Molière, avant le 18 novembre 1659 [1], n'était qu'un farceur pour les trois quarts de Paris, et il ne fut pas même de l'Académie, position où arrivait d'emblée le moindre abbé précepteur du plus petit duc. »

Ce gros receveur général, qui ne parle plus que chevaux et que landau, voyant que depuis cent ans il n'a rien paru d'égal au *Roman comique* de Scarron [2], daignera peut-être fermer les yeux sur la trivialité du rôle de Ragotin, lui qui, pendant trente ans, fit la cour à des Ragotins, et il achètera les œuvres de Scarron, si toutefois elles sont imprimées par Didot, dorées sur tranche et reliées par Thouvenin [3].

Cet homme de goût-là admirera tout de suite la noble *Clarisse Harlowe* [4] ou les œuvres de madame Cottin [5]. Prêtez l'oreille à la conversation des gens qui ne songent pas à se faire honneur de leur littérature, et vous entendrez citer dix fois le *Roman comique* contre une seule fois le noble Malek-Adel [6]. C'est que Ragotin a le *beau idéal* du rire ; il est lâche, il est vain, il veut plaire aux dames, quoique pas plus haut qu'une botte, et, malgré toutes ces belles qualités, nous ne le méprisons pas absolument, ce qui fait que nous en rions.

Je regrette les phrases précédentes ; je ne trouve rien de respectable comme *un ridicule*. Dans l'état de tristesse aride d'une société alignée par la plus sévère vanité, un ridicule est la chose du monde que nous devons cultiver avec le plus de soin chez nos amis ; cela fait rire intérieurement quelquefois.

1. Jour de la première représentation des *Précieuses ridicules* sur le théâtre du Petit-Bourbon. (Note de l'auteur.) — 2. SCARRON, poète et écrivain français dont la verve s'est exercée dans son *Virgile travesti* et *le Roman comique*. Il épousa Mlle d'Aubigné, qui fut plus tard Mme de Maintenon. — 3. THOUVENIN, relieur ; il reçut une médaille d'argent à l'exposition de 1823, et devint le relieur attitré de Louis-Philippe. — 4. Roman de Richardson, 1749. — 5. Mme COTTIN (1770-1807), a écrit des romans qui sont peu connus et peu appréciés aujourd'hui. — 6. *Malek-Adel*, dans le roman de *Mathilde*, auteur Mme Cottin. Le comte de Pepoli a tiré de ce roman un livret, pour un opéra italien ; 3 actes.

Quant aux hommes que j'honore, je suis fâché de les voir me nier le mérite de Pigault-Lebrun, tandis qu'un mérite de beaucoup inférieur, pourvu qu'il soit dans le *genre grave*, attire sur-le-champ leurs louanges ; par exemple, *Jacques Fauvel*, où les femmes n'osent jamais louer le comique et surtout le détailler, comme elles détaillent le mérite sérieux de Walter Scott.

V

Les âmes tendres et exaltées, qui ont eu la paresse de ne pas chercher l'*idéologie* dans les philosophes, et la vanité de croire l'avoir apprise dans Platon, sont sujettes à une autre erreur : elles disent qu'il y a un *beau idéal absolu* ; que, par exemple, s'il eût été donné à Raphaël et au Titien de se perfectionner à chaque instant davantage, ils seraient arrivés un beau jour à produire *identiquement* les mêmes tableaux.

Elles oublient que Raphaël trouvait que ce que l'aspect d'une jeune femme qu'il rencontrait au Colisée avait de plus beau, c'étaient les *contours*, tandis que le Titien admirait avant tout la *couleur*.

Aucun chemin de fleurs ne conduit à la gloire,

a dit La Fontaine. Que n'est-il encore de ce monde pour le répéter, sur tous les tons, aux aimables paresseux que j'attaque ! — Ces âmes tendres, exaltées, éloquentes, les seules que j'aime au monde, méprisent l'anatomie comme une science d'apothicaire. C'est cependant dans l'amphithéâtre du Jardin des Plantes et non ailleurs qu'elles trouveront la réfutation du système de Platon sur l'identité du beau idéal chez tous les hommes. Voltaire l'a dit dans un style que je n'oserais me permettre, tant la délicatesse a fait de progrès !

Rien de plus beau aux yeux d'un crapaud que sa crapaude aux gros yeux sortant de la tête.

Croit-on, de bonne foi, qu'un brave général noir, de l'île de Saint-Domingue, admire beaucoup la fraîcheur de coloris des Madeleines du Guide ?

Les hommes ont des tempéraments divers. Jamais le sombre et fougueux Bossuet ne pourra sentir la douceur charmante et tendre de Fénelon.

Exaltez, tant qu'il vous plaira, par la pensée, les facultés de ces deux grands écrivains ; supposez-les s'approchant sans cesse davantage de la perfection, toujours Bossuet s'écriera d'une voix sombre et tonnante :

« Madame se meurt, Madame est morte ! »

Fénelon dira toujours :
« Alors Idoménée avoua à Mentor qu'il n'avait jamais senti de plaisir aussi touchant que celui d'être aimé, et de rendre tant de gens heureux. Je ne l'aurais jamais cru, disait-il : il me semblait que toute la grandeur des princes ne consistait qu'à se faire craindre ; que le reste des hommes était fait pour eux, et tout ce que j'avais ouï dire des rois qui avaient été l'amour et les délices de leurs peuples me paraissait une pure fable ; j'en reconnais maintenant la vérité. Mais il faut que je vous raconte comment on avait empoisonné mon cœur dès ma plus tendre enfance sur l'autorité des rois. C'est ce qui a causé tous les malheurs de ma vie. » (Livre XIII.)

Au lieu de devenir semblables et de se rapprocher, ils s'éloignent sans cesse davantage. S'ils se ressemblent encore un peu, c'est par timidité, c'est qu'ils n'osent pas écrire tout ce que leur âme de feu leur suggère.

Je n'ose conduire le lecteur à l'amphithéâtre du Jardin des Plantes ; il serait peut-être indiscret de lui proposer ensuite un petit voyage en Saxe, suivi d'une course de deux mois dans les Calabres. Si cependant il voulait étudier ainsi la littérature, au lieu de lire tous les deux ans, dans *le Philosophe à la mode* [1], une nouvelle explication du *beau*, il conclurait bientôt, de mille faits observés, qu'il est des tempéraments divers et que rien ne diffère davantage que le flegmatique habitant de Dresde et le bilieux coquin de Cosenza [2].

Je lui dirais alors, ou plutôt il se dirait, ce qui vaut bien mieux, que le *beau idéal* de ces gens-là diffère ; et six mois ou un an après, il arriverait enfin à cette proposition énorme et qui lui semble si baroque aujourd'hui.

Chaque homme aurait, s'il y songeait bien, un beau idéal différent.

Il y a autant de *beaux idéals* que de formes de nez différentes ou de caractères différents.

Mozart, né à Salzbourg, a travaillé pour des âmes flegmatiques, mélancoliques et tendres comme lui ; et Cimarosa, pour des âmes ardentes, passionnées, sans repos dans leurs passions, et ne voyant jamais qu'un seul objet.

Des hommes de l'esprit le plus vif me nient ces vérités ; qu'en conclurai-je ? Qu'ils manquent de génie ? Qu'ils n'ont

1. *Le Philosophe à la mode*, comédie de Ducerceau. — 2. *Cosenza*, ville de Calabre.

pas fait des ouvrages sublimes, entre autres choses mille fois supérieures à cette brochure ?

Loin de moi une telle sottise ; j'en conclurai qu'ils ont été paresseux dans leur jeunesse, ou bien qu'une fois arrivés à quarante ans, ils ont fermé la porte aux idées nouvelles.

Leurs enfants, qui auront été élevés après 1815, quand ces idées commenceront à courir les rues [1], auront raison contre leurs illustres pères dans ce petit détail, et, comme moi, seront des gens médiocres, fort inférieurs à leurs pères. Nous dirons péniblement comment ces esprits charmants devraient s'y prendre pour être encore plus sublimes ; eux, cependant, continuent à faire des choses sublimes, et nous, à peine pouvons-nous faire des brochures.

VI

On me dit : *Le vers est le beau idéal dans l'expression ;* une pensée étant donnée, le vers est la manière *la plus belle* de la rendre, la manière dont elle fera *le plus* d'effet.

Je nie cela pour la tragédie, du moins pour celle qui tire ses effets de la peinture exacte des mouvements de l'âme et des événements de la vie.

La pensée, ou le sentiment, doit, avant tout, être énoncée avec clarté dans le genre dramatique, en cela l'opposé du poème épique.

Lorsque la mesure du vers n'admettra pas le *mot précis* qu'emploierait un homme passionné dans telle situation donnée, que ferez-vous ? Vous trahirez la passion pour l'alexandrin, comme le fait souvent Racine. La raison en est simple ; peu de gens connaissent assez bien les passions pour dire : Voilà le mot propre que vous négligez ; celui que vous employez n'est qu'un faible synonyme ; tandis que le plus sot de l'audience sait fort bien ce qui fait un vers dur ou harmonieux. Il sait encore mieux, car il y met toute sa vanité, quel mot est du langage noble et quel n'en est pas.

L'homme qui parle le langage noble est de la cour, tout autre est *vilain*. Or, les deux tiers de la langue, ne pouvant être employés à la scène que par des *vilains*, ne sont pas du style noble [2].

Hier (26 mars), à un concert à l'Opéra, comme l'orchestre écorchait le duo d'*Armide*, de Rossini [3], mon voisin me dit : « C'est détestable ! c'est indigne ! » — Étonné, je lui réponds :

1. Ton ignoble en 1788 et qui, suivant moi, est redevenu énergique et vrai en 1823, comme il l'était peut-être en 1650, avant que la cour eût épuré et tamisé la langue, comme dit fort bien Goethe, page 117. (Note de l'auteur.) — 2. Laharpe, *Cours de littérature.* (Note de l'auteur.) — 3. Rossini, compositeur italien à qui on doit : *le Barbier de Séville, Othello, Guillaume Tell,* etc.

« Vous avez bien raison. — C'est indigne, poursuit-il, que les musiciens ne soient pas en culottes courtes ! » Voilà le public français et la dignité telle que la cour nous l'a donnée.

Je crois pouvoir conclure que quand l'expression de la pensée n'est pas susceptible d'autre beauté que d'une *clarté parfaite*, le vers est déplacé.

Le vers est destiné à rassembler en un foyer, à force d'ellipses, d'inversions, d'alliances de mots, etc. (privilèges de la poésie), les choses qui rendent frappante une beauté de la nature ; or, dans le genre dramatique, ce sont les *scènes précédentes* qui font *sentir* le mot que nous entendons prononcer dans la scène actuelle. Par exemple, Talma disant à son ami :

>Connais-tu la main de Rutile ?
>(*Manlius.*)

Le personnage tombe à n'être plus qu'un rhéteur *dont je me méfie*, si, par la poésie de l'expression, il cherche à ajouter à la force de ce qu'il dit ; grand défaut des poètes dramatiques qui brillent par le style.

Si le personnage a l'air le moins du monde de songer à son style, la méfiance paraît, la sympathie s'envole et le plaisir dramatique s'évanouit.

Pour le plaisir dramatique, ayant à choisir entre deux excès, j'aimerai toujours mieux une prose trop simple, comme celle de Sedaine [1] ou de Goldoni [2], que des vers trop beaux.

Rappelons-nous sans cesse que l'action dramatique se passe dans une salle dont un des murs a été enlevé par la baguette magique de Melpomène, et remplacé par le parterre et les loges au moyen de la baguette magique d'une fée. Les personnages ne savent pas qu'il y a un public. Dès qu'ils font des concessions *apparentes* à ce public, à l'instant ce ne sont plus des personnages, ce sont des rapsodes récitant un poème épique plus ou moins beau.

L'inversion est une grande *concession* en français, un immense privilège de la poésie, dans cette langue amie de la vérité et claire avant tout.

L'empire du *rhythme* ou du vers ne commence que là où l'inversion est permise.

Le vers convient admirablement au poème épique, à la

---

1. SEDAINE (1719-1797), auteur dramatique. *Le Philosophe sans le savoir* est son chef-d'œuvre. — 2. GOLDONI 1(707-1792), poète comique italien. Il s'est souvent inspiré de Molière.

satire, à la comédie satirique, à une certaine sorte de tragédie faite pour des courtisans.

Jamais un homme de cour ne cessera de s'extasier devant la noblesse de cette communication, faite par Agamemnon à son gentilhomme de la chambre, Arcas :

> ... Tu vois mon trouble, apprends ce qui le cause,
> Et juge s'il est temps, ami, que je repose.
> Tu te souviens du jour qu'en Aulide assemblés, etc.
>
> (*Iphigénie*, acte Ier, scène Ire.)

Au lieu de ce mot *tragédies*, écrivez en tête des œuvres de Racine : *Dialogues extraits d'un poème épique*, et je m'écrie avec vous : C'est sublime. Ces dialogues ont été de la tragédie pour la nation *courtisanesque* de 1670 ; ils n'en sont plus pour la population raisonnante et industrielle de 1823.

A cela on répond par une personnalité plus ou moins bien déguisée sous des termes fort polis : « Votre âme n'est pas faite pour sentir la beauté des vers. » Rien n'est plus possible, et, si cela est, mes raisons tomberont bientôt dans le mépris, comme venant d'un aveugle qui se mettrait à raisonner des couleurs.

Tout ce que j'ai à dire, c'est que moi, Français moderne, qui n'ai jamais vu d'habits de satin et à qui le despotisme a fait courir l'Europe dès l'enfance et manger de la vache enragée, je trouve que les personnages de Racine, d'Alfieri [1], de Manzoni [2], de Schiller, ont toujours la mine de gens *contents de si bien parler*. Ils sont remplis de passion : soit, mais ils sont d'abord contents de bien parler.

Présentement, il nous faut des tragédies en prose, ai-je dit dans la première partie de *Racine et Shakspeare*. On m'a répondu que j'étais un sot [3]. On m'a dit : « Votre âme n'est pas faite pour sentir la beauté des vers. » — Qu'importe ? Attendons deux ans, et voyons si les idées de ce pamphlet trouveront des voix pour les répéter. Je suis comme ce soldat de Mayence, en 1814, qui s'intitula le général *Garnison* et commanda pendant trois jours. Je n'ai pas de nom. Je ne suis rien, si je suis seul ; je ne suis rien, si personne ne me suit. Je suis tout, si le public se dit : « Cet homme a émis une pensée ». — Je ne suis rien, ou je suis la voix d'un public à qui la terreur de la grande

---

1. ALFIERI (1749-1803), célèbre poète italien ; il écrivit 14 tragédies, et des ouvrages en prose : *Traité de la Tyrannie, le Prince et les Lettres*. — 2. MANZONI (1784-1873), poète et romancier italien, de grand talent, auteur du *Comte de Carmagnola* et d'*Adelchi*. — 3. *Pandore* du 26 mars 1823. (Note de l'auteur.)

ombre de Racine tenait la bouche fermée. Croit-on que je ne sente pas le ridicule d'une horloge qui, à midi, marquerait quatre heures ? — J'élève la voix, parce que je vois clairement que l'heure du *classicisme* est sonnée. Les courtisans ont disparu, les pédants tombent ou se font censeurs de la police, le *classicisme* s'évanouit.

VII

Je me souviens que je trouvai un jour à Kœnigsberg un auteur français de mes amis, homme d'esprit, plein de vanité, auteur s'il en fut, mais assez bon écrivain, à cela près qu'il ne sait pas un mot de français. Il me lut un pamphlet de sa façon fort plaisant ; comme je l'exhortais à se servir des mots et des tours de phrases que l'on trouve dans Rousseau, La Bruyère, etc. : « Je vois bien que vous êtes un aristocrate, me dit-il rouge de colère ; vous n'êtes *libéral* que de nom. Quoi ! vous admettez l'autorité de quarante pédants serviles réunis au Louvre, et qui ne pensent qu'à se souffler noblement une pension de six mille francs ou une croix de la Légion d'honneur ! Non, non, vous n'êtes pas libéral. Je m'en étais bien douté hier soir, en vous voyant vous tant ennuyer dans la société de ces quatre honnêtes marchands de blé de Hambourg. Savez-vous ce qu'il vous faut ? Des salons et des marquis pour vous applaudir. Allez, vous êtes un homme jugé, vous n'aimerez jamais la patrie, et vous serez un tiède toute votre vie. »

Cette colère, de la part d'un ami d'enfance, me plut beaucoup ; j'y vis bien à nu le ridicule de l'espèce humaine. Je lui fis quelques mauvaises réponses inconcluantes pour en bien jouir et le faire se développer au long. Si j'eusse voulu parler raison, j'aurais dit : « Je mépriserais autant que vous les quarante dont il s'agit (c'était en 1806) s'ils parlaient en leur nom ; mais ce sont des gens fins et dès longtemps habiles à écouter. Ils prêtent une oreille fort attentive à la voix du public ; ces quarante ne sont, à vrai dire, que les secrétaires du public en ce qui a rapport à la langue. Jamais ils ne s'occupent des idées, mais seulement de la manière de les exprimer. Leur affaire est de noter les changements successifs des mots et des tours de phrase au fur et à mesure qu'ils les observent dans les salons. Adorateurs de tout ce qui est suranné, il faut qu'un usage nouveau soit bien avéré et bien incontestable pour qu'ils se déterminent à la douleur de lui donner place en leur calepin. C'est la vertu d'un secrétaire, et je les en estime. »

Il ne faut pas innover dans la langue, parce que la langue est une chose de convention. — Cette chose que voilà s'appelle une *table* ; la belle invention si je me mets à l'appeler une *asphocèle*. Ce petit oiseau qui sautille sous ce toit s'appelle une *mésange* ; sera-t-il bien agréable de l'appeler un *noras ?*

Il est des *tours* d'une langue comme de ses mots. Je trouve dans La Bruyère et Pascal tel tour de phrase pour exprimer *l'étonnement et le mépris*, mélangés ensemble par portions égales. A quoi bon inventer un tour nouveau ? Laissons cette gloire à madame de Staël, à MM. de Chateaubriand, de Marchangy [1], vicomte d'Arlincourt [2], etc., etc. Il est sûr qu'il est plus agréable et plus vite fait d'inventer un tour que de le chercher péniblement au fond d'une *lettre provinciale* ou d'une harangue de Patru [3].

Je crains que la postérité la plus reculée, lorsqu'elle s'occupera de ces grands écrivains, ne les ravale au rang des Sénèque ou des Lucain, que nous comprenons moins facilement que Cicéron et Virgile. Il est vrai que la postérité sera récompensée de sa peine par la sublimité des pensées. Peut-être cependant lui échappera-t-il le souhait que ces grands écrivains, pensant mieux que Voltaire et Rousseau, eussent daigné se servir de la même langue. Ils eussent alors réuni tous les avantages.

Une langue est composée de ses *tours* non moins que de ses mots. Toutes les fois qu'une idée a déjà un tour qui l'exprime clairement, pourquoi en produire un nouveau ? On donne au lecteur le petit chatouillement de la surprise ; c'est le moyen de faire passer des idées communes ou trop usées ; le plaisir de deviner des énigmes et de voir comment *pressoir* se dit en style noble fait encore lire aujourd'hui deux pages de M. l'abbé Delille. Je vois aussi l'apothicaire du coin qui, pour s'anoblir, fait écrire en lettres d'or sur sa maison : *Pharmacie de M. Fleurant* [4].

Le fat de province, en parlant du théâtre de ses succès, est fort embarrassé de savoir s'il doit dire : « Je trouvai madame une telle, que j'avais séduite à la campagne, *dans la société*, ou *dans le monde*, ou *dans les salons* ».

En parlant de sa future, il ne sait s'il doit dire : « C'est une fort jolie fille, ou c'est une jolie demoiselle, ou c'est une jeune personne fort jolie. Son embarras est grand, car il y a de bons couplets de vaudeville qui se moquent de toutes ces locutions.

1. MARCHANGY (1782-1826), magistrat et littérateur ; il écrivit la *Gaule poétique*. — 2. Vicomte d'ARLINCOURT (1789-1856), littérateur. On lui doit : *Une matinée de Charlemagne*, poème allégorique ; *le Solitaire*. — 3. PATRU (1604-1681), célèbre avocat ami de La Fontaine, de Boileau, mais qui ne comprenait pas que La Fontaine écrivît ses *Fables*, et Boileau l'*Art poétique*. — 4. M. *Fleurant*, l'apothicaire du *Malade imaginaire*.

Peut-être faut-il être *romantique* dans les idées : le siècle le veut ainsi ; mais soyons *classiques* dans les expressions et les tours : ce sont des choses de convention, c'est-à-dire à peu près immuables ou du moins fort lentement changeables.

Ne nous permettons, tout au plus de temps à autre, que quelque ellipse, après laquelle soupiraient Voltaire et Rousseau, et qui semble donner plus de rapidité au style. Encore je ne voudrais pas jurer que cette petite licence ne nous rende peu intelligibles à la postérité.

VIII

DU GOUT.

Qu'est-ce que le goût ?

Goëthe répond : « C'est la mode ; c'est, en écrivant, l'art de plaire le plus possible aujourd'hui. C'est l'art de bien mettre sa cravate dans les ouvrages de l'esprit.

« Le caractère du génie, c'est de produire en abondance des idées neuves [1]. Son orgueil fait qu'il aime mieux créer une pensée, donner au public un aperçu neuf, qu'en vain l'on chercherait dans quelque volume antérieur, que parer et rendre agréable à tous les yeux l'idée neuve qu'il a trouvée il n'y a qu'un instant. Mais l'homme de génie ne produit pas sans dessein : savant, il destine ses ouvrages à éclairer les autres hommes ; littérateur, à leur plaire. Ici commencent l'action et le travail du *goût*, intermédiaire placé entre le monde idéal, où le génie marche seul, environné de ses conceptions, et le monde réel et extérieur, où il se propose de les produire. Le *goût* examine l'état moral du pays et de l'époque, les préjugés répandus, les opinions en vogue, les passions régnantes ; et, d'après le résultat de cet examen, il enseigne au génie les convenances, les bienséances à observer, lui indique comment il doit ordonner ses compositions, sous quelles formes il doit présenter ses idées pour faire sur le public l'impression la plus vive et la plus agréable. Lorsque le même homme possède ce double avantage, le génie, puissant créateur, et le *goût*, habile arrangeur, il devient un de ces écrivains heureux, l'admiration de la jeunesse. C'est pour lors que son succès atteint et surpasse ses espérances, et que son talent règne en souverain sur tous les esprits et sur tous les cœurs. Mais lorsqu'il

---

1. Gœthe. *Hommes célèbres de France au dix-huitième siècle*, page 100. (Note de l'auteur.)

ne les réunit (les deux facultés) qu'à un degré inégal, et ses ouvrages et ses succès se ressentent de ce manque de fidélité à la mode.

« Toute la partie médiocre et demi-médiocre du public ne voit pas ses idées neuves. Il produit son effet sur certains esprits, il le manque sur d'autres : ce désaccord du génie et du goût, dans un même talent, donne lieu, de la part du public, aux jugements les plus contradictoires ; ceux qui ne sont sensibles qu'à ses défauts s'indignent que d'autres lui trouvent des beautés ; ils le rabaissent au-dessous de sa valeur réelle, et voudraient l'anéantir ; leur mépris est sincère. Ceux à qui des circonstances analogues, dans leur vie antérieure, ont donné de la sympathie pour l'esprit de notre auteur, sont plus touchés de ce qu'il a de recommandable que blessés de ses imperfections ; ils lui prêtent généreusement tout ce qui lui manque, cherchent en quelque sorte à le compléter, et par leurs louanges le placent à une hauteur qu'il n'atteint pas. Tous ont tort. Le génie reste tel qu'il est, quelles que soient nos dispositions accidentelles à son égard ; ni la vengeance pour l'ennui qu'il nous a donné, ni la reconnaissance du plaisir que nous lui devons ne peuvent l'enrichir en lui prêtant ce qu'il n'a point ; on l'appauvrit en lui enlevant ce qu'il possède.

« La juste appréciation de ce qui doit plaire en tel pays ou à telle époque, d'après l'*état* des esprits, voilà ce qui constitue le goût. Comme cet état moral varie infiniment d'un siècle et d'un pays à un autre, il en résulte les vicissitudes les plus étonnantes.

« Les Français ont eu, au seizième siècle, un poète nommé *du Bartas* [1], qui fut alors l'objet de leur admiration la plus vive. Sa gloire se répandit en Europe ; on le traduisit en plusieurs langues. Son poème, en sept chants, sur les sept jours de la *création*, intitulé la *Semaine*, eut, en cinq ans, trente éditions. Du Bartas fut un *homme de goût* pour l'an 1590. Aujourd'hui, à la vue de ses descriptions naïves et longuettes, le plus mince journaliste s'écrierait : *Quel goût détestable !* Et il aurait raison, comme on eut raison en 1590, tant le goût est local et instantané, tant il est vrai que ce qu'on admire en deçà du Rhin, souvent on le méprise au delà, et que les chefs-d'œuvre d'un siècle sont la fable du siècle suivant.

« Il est facile de voir quels ont été les événements de la révolution littéraire qui a précipité du Bartas dans l'oubli et le mépris. Les grands seigneurs qui vivaient épars dans leurs châteaux, d'où souvent ils étaient redoutables aux

---

[1] Du Bartas (1544-1590) acquit une grande réputation comme poète. *La première Semaine de la Création* eut un succès immense.

rois [1], ayant été appelés à la cour par Richelieu, qui chercha à les désarmer et qui les y fixa en flattant et agaçant leur vanité, ce fut bientôt un honneur de vivre à la cour [2]. Aussitôt la langue prit un mouvement marqué d'épuration. *Les progrès du goût* consistèrent dans le perfectionnement des formes du style, qui devinrent de plus en plus classiques et calquées d'après l'étude et l'imitation des modèles de l'antiquité. Il y eut une *épuration* scrupuleuse et presque minutieuse qui *tamisa* la langue, si l'on peut ainsi parler, et lui fit rejeter, comme *manquant de dignité* et marqué certaine d'un *rang inférieur* chez qui s'en servait, un grand nombre de mots, de phrases, d'*idées même*, que renfermaient les livres antérieurs à cette épuration. Sans doute, en équivalent des pertes qu'un purisme si rigoureux lui faisait subir, la langue française a fait l'acquisition de quelques nouvelles formes de style irréprochables aux yeux de la critique. Je crois pourtant que la langue a perdu beaucoup d'expressions pittoresques et imitatives [3], et que par ce travail du *goût* elle a été plus épurée qu'enrichie. »

Ne voit-on pas sortir de toute cette révolution, décrite par Gœthe [4] en 1805, et des habitudes qu'elle dut laisser, le caractère de *pédantisme* si marqué aujourd'hui chez nos gens de lettres d'un certain âge ? Les pédants du siècle de Louis XV n'ont plus accepté des choses nouvelles que de la part des jeunes courtisans et de ce qu'ils ont appelé le *bel usage*. Si les jeunes courtisans avaient été pédants comme les jeunes pairs d'Angleterre sortant d'Oxford ou de Cambridge, c'en était fait de la langue française, elle devenait un *sanscrit*, une langue de prêtres, un idiome privilégié ; jamais elle n'eût fait le tour de l'Europe.

« Chez un peuple plus raisonneur que sensible, qui a des opinions arrêtées, des préjugés tenaces, qui porte dans les plaisirs de l'esprit plus de *pédanterie* que d'enthousiasme, le génie est forcé de s'astreindre aux règles étroites qui lui sont prescrites, de marcher dans la route tracée devant lui : il subit des lois au lieu d'en imposer ; les traits de sa physionomie percent à peine à travers le masque qu'il est forcé de revêtir. Alors le goût est tyran, et le génie est esclave. C'est la situation où se sont trouvés la plupart des auteurs français [5]. »

1. *Mémoires* de BASSOMPIERRE. (Note de l'auteur.) — 2. Vie d'Agrippa d'Aubigné. (Note de l'auteur.) — 3. Que M. P.-L. Courier, l'auteur de la *Pétition* pour des paysans qu'on empêche de danser, cherche à lui rendre aujourd'hui, dans sa traduction d'Hérodote. (Note de l'auteur.) — 4. GOETHE (1749-1832), le plus grand des poëtes de l'Allemagne. Il fut à la fois un écrivain remarquable et un savant : ses œuvres les plus connues sont *Faust*, *Werther*, *Hermann et Dorothée*, *Iphigénie*, etc..., etc. — 5. GOETHE, *les Hommes célèbres de France*, page 109. (Note de l'auteur).

IX

Des personnes qui ne savent réfuter qu'en prêtant des absurdités à leurs adversaires ont eu la bonté de me faire dire qu'il *fallait jeter Racine au feu* [1]. Un grand homme, dans quelque forme qu'il ait laissé une empreinte de son âme à la postérité, rend cette forme immortelle.

Il a donné d'une manière ou d'autre, par le dessin, comme Hogarth [2], ou par la musique, comme Cimarosa [3], les impressions de la nature sur son cœur ; ces *impressions* sont précieuses et à ceux qui, n'ayant pas assez d'esprit pour voir la nature *dans la nature*, en trouvent cependant beaucoup à en considérer des copies dans les ouvrages des artistes célèbres, et à ceux qui voient la nature, qui adorent ses aspects tour à tour sublimes ou touchants, et qui apprennent à en mieux goûter certains détails en livrant leurs âmes à l'*effet* des ouvrages des grands maîtres qui ont peint ces détails. C'est-à-dire que mon opinion politique, que je trouve écrite dans mon journal, se fortifie d'autant.

Après avoir entendu le duetto *Io ti lascio perche uniti* [4] du commencement du *Matrimonio segreto* de Cimarosa, mon cœur apercevra de nouvelles nuances dans le spectacle de l'amour contrarié par l'ambition. Surtout le souvenir du duetto me mettra à même de faire abstraction de certaines circonstances vulgaires qui empêchent souvent l'émotion. Je me dirai en voyant des amants malheureux : C'est comme dans le *Matrimonio segreto*, quand Caroline a dit à son amant : *Io ti lascio*. Aussitôt, tout ce qu'il peut y avoir de *vulgaire* dans l'histoire des pauvres amants que je vois dans le salon disparaîtra, et je serai attendri. Je devrai ce moment délicieux, et peut-être la bonne action qu'il m'inspirera, à l'existence de Cimarosa.

J'espère que voilà bien mettre les points sur les *i*, et que l'on ne pourra me faire dire quelque bonne absurdité ;

---

1. Dans la seconde partie de ce livre, *Lettre* du romantique au classique, Paris, 24 avril 1824, on lira : « Eh ! Monsieur, qui a jamais parlé de siffler Voltaire, Racine, Molière, génies immortels dont notre pauvre France ne verra peut-être pas les égaux d'ici à huit ou dix siècles ? qui même a jamais osé concevoir la folle espérance d'égaler ces grands hommes ? Ils s'élançaient dans la carrière chargés de fers, et ils les portaient avec tant de grâce, que les pédants sont parvenus à persuader aux Français que de pesantes chaînes sont un ornement indispensable dès qu'il s'agit de courir. » Allusion au discours d'Auger qui disait : Les unités « ont le double avantage d'élever un obstacle contre lequel le génie lutte avec effort pour triompher avec honneur. » — 2. Célèbre peintre et graveur anglais ; né en 1697, mort en 1764. Il excella dans l'expression fidèle des passions et des scènes populaires. (Notes de l'auteur). — 3. CIMAROSA (1749-1801), compositeur italien. La reine Caroline de Naples l'aurait fait empoisonner. — 4. Je te laisse parce que nous sommes unis.

tout au plus, les gens secs se moqueront de mes larmes ; mais il y a longtemps que j'en ai pris mon parti, et que nous sommes ridicules les uns pour les autres. Irai-je entreprendre de me changer parce que mon voisin est différent de moi ?

Dans un millier d'années, chez des peuples qui sont encore à naître, Racine sera encore admirable :

1º Comme ayant souvent peint la nature d'une manière étonnante, non pas dans le demi-calembour d'Agamemnon : *Vous y serez ma fille*, mais dans la réplique sublime d'Hermione à Oreste qui lui annonce la mort de Pyrrhus : *Qui te l'a dit ?* dans le rôle céleste de Monime, duquel on a dit avec tant de raison : « C'est de la sculpture antique ; » dans les regrets de Phèdre :

> Hélas ! du crime affreux dont la honte me suit
> Jamais mon triste cœur n'a recueilli le fruit.
> Jusqu'au dernier soupir de malheurs poursuivie,
> Je rends dans les tourments une pénible vie.
>
> (Acte IV, scène vi.)

2º Dans cette même sublime tragédie de *Phèdre*, la nourrice de cette princesse, qui ne l'a pas quittée depuis sa naissance et qui l'aime comme son enfant, ayant à dire ce détail affreux : Ma fille n'a pris aucune nourriture depuis trois jours, dit ces vers admirables :

ŒNONE.

> . . . .
> Rebelle à tous nos soins, sourde à tous nos discours,
> Voulez-vous sans pitié laisser finir vos jours ?
> Quelle fureur les borne au milieu de leur course ?
> Quel charme ou quel poison en a tari la source ?
> Les ombres par trois fois ont obscurci les cieux
> Depuis que le sommeil n'est entré dans vos yeux ;
> Et le jour a trois fois chassé la nuit obscure
> Depuis que votre corps languit sans nourriture, etc., etc.
>
> (Acte Iᵉʳ, scène III.)

Admirez, si vous pouvez, l'idée d'*obscure* ajoutée à celle de *nuit* dans un tel moment. Eh bien ! nul doute que les gens à *goût délicat* de la cour de Versailles ne trouvassent cela fort beau ; on leur faisait éviter la locution bourgeoise : *depuis trois jours*, qui les eût empêchés net de s'attendrir. Et, quel qu'on soit, roi ou berger, sur le trône ou portant la houlette, on a toujours raison de sentir comme on sent et de trouver *beau* ce qui donne du plaisir. Ensuite, le goût français s'était formé *sur* Racine ; les rhéteurs se sont extasiés *avec esprit* pendant un siècle sur ce que Racine était d'un *goût* parfait. Ils fermaient les yeux à toutes les objections, par exemple, sur l'action d'Andromaque, qui a fait tuer un autre enfant pour sauver son Astyanax. Oreste nous le dit :

> J'apprends que, pour ravir son enfance au supplice,
> Andromaque trompa l'ingénieux Ulysse,
> Tandis qu'un autre enfant, arraché de ses bras,
> Sous le nom de son fils fut conduit au trépas.
>
> (*Andromaque*, acte Ier, scène Ire.)

Cet autre enfant avait pourtant une mère aussi, qui aura pleuré, à moins qu'on n'ait eu l'attention délicate de le prendre à l'hôpital ; mais qu'importent les larmes de cette mère ? elles étaient ridicules ; c'était une femme du *tiers état* ; n'était-ce pas trop d'honneur à elle de sacrifier son fils pour sauver *son jeune maître* [1] ?

Tout cela doit être fort beau aux yeux d'un prince russe qui a cent mille francs de rente et trente mille paysans.

On admirera donc aussi Racine dans la postérité la plus reculée, comme ayant donné la tragédie la meilleure possible pour les courtisans vaniteux et spirituels d'un despote, fort vaniteux lui-même, fort égoïste, mais raisonnable, attentif à jouer un beau rôle en Europe, et sachant employer et mettre en place les grands hommes. Partout où la monarchie se reproduira, Racine trouvera des partisans. Iturbide [2], en essayant un trône impérial à Mexico, littérairement parlant, n'avait fait autre chose qu'ouvrir un cours de littérature en faveur de Racine. S'il avait réussi, nos libraires auraient pu, en toute sûreté, expédier des pacotilles de Laharpe pour Mexico. C'est ainsi que, malgré l'intervalle de tant de siècles, nous comprenons dans Hérodote et nous admirons la conduite de Pharnassès, courtisan de Cambyse, lorsque celui-ci, en se jouant, tue le fils de Pharnassès [3].

Dans ses prétentions les plus élevées, le romanticisme ne demande qu'une simple concurrence pour la tragédie en prose.

Il n'y a ici aucune arrière-pensée ; voici la mienne tout entière. La tragédie mythologique restera toujours en vers. Il faudra peut-être toujours la pompe et la majesté des beaux

---

1. Propos du marquis de Bonald, pour le duc de Bordeaux, en décembre 1822. — Voir M. Alexandre Manzoni, traduction de M. Fauriel. (Notes de l'auteur.) — 2. Iturbide (1783-1824), d'une famille basque, à la faveur des troubles qui régnaient au Mexique, fut proclamé empereur le 18 mai 1822, sous le nom d'Augustin Ier ; le 2 décembre suivant, la république était proclamée. — 3. Hérodote, livre III, traduction pittoresque de P.-L. Courier.

vers pour jeter un voile utile sur l'absurdité du fatalisme [1] d'*Œdipe* ou de *Phèdre*, et ne nous laisser sensibles qu'aux beaux effets qui sortent de ces données. Par exemple, la double confidence d'Œdipe et de Jocaste (acte IV, scène 1re). Peut-être les tragédies d'amour, telles qu'*Andromaque*, *Tancrède* [2], *Ariane* [3], *Inès de Castro* [4], seront-elles toujours bonnes à écrire en vers.

Nous ne réclamons la prose que pour les tragédies nationales, *la Mort de Henri III*, *le Retour de l'île d'Elbe*, *Clovis s'établissant dans les Gaules à l'aide des prêtres* [5], *Charles IX*, ou *la rigueur (le massacre) salutaire de la Saint-Barthélemy*. Tous ces sujets, présentés en vers alexandrins, sont comme sous le masque, chose d'une évidence mathématique, puisque les deux tiers de la langue parlée aujourd'hui, dans les salons du meilleur ton, ne peuvent se reproduire au théâtre.

Je défie que l'on réponde à cette objection. Mais quel que soit l'immense crédit des pédants, quoiqu'ils règnent dans l'enseignement public, à l'Académie, et même chez les libraires, ils ont une ennemie terrible dans la discussion dialoguée de la Chambre des députés et l'intérêt dramatique que souvent elle inspire. La nation a soif de sa tragédie historique. Le jour de l'expulsion de M. Manuel [6], il est impossible qu'elle se contente de la représentation de *Zaïre* aux Français, et qu'elle ne trouve pas un fonds de niaiserie à ce sultan qui va *donner une heure aux soins de son empire*. Le farouche Richard III ferait bien mieux son affaire. L'*amour-passion* ne peut exister que chez des oisifs, et, quant à la galanterie, je crains que Louis XVI ne l'ait tuée pour toujours en France en convoquant l'assemblée des *notables*.

Racine a été romantique ; il a fait la tragédie qui plaisait réellement aux Dangeau [7], aux Cavoye [8], aux La Fayette [9], aux Caylus [10]. L'absurde, ce sont les gens qui, écrivant en

---

1. Fatalisme tout à fait reproduit par : *Multi sunt vocati, pauci vero electi*. Jupiter n'était pas méchant comme Jéhovah ; car il avait le destin au-dessus de lui. (Note de l'auteur.) — 2. *Tancrède*, tragédie de Voltaire, 5 actes, 1760. — 3. *Ariane*, tragédie de Th. Corneille, 5 actes, en vers. — 4. *Inès de Castro*, tragédie de Houd. Lamotte, 5 actes, en vers. — 5. Je viens de lire cette étonnante révolution dans la naïve histoire de saint Grégoire de Tours. Nos hypocrites ont blâmé M. Dulaure d'avoir été aussi naïf dans son *Histoire de Paris*. Ce qui m'étonne, c'est qu'on n'ait pas eu recours à l'argument irrésistible de sainte Pélagie, en vérité le seul bon dans une telle cause.— (Note de l'auteur.) — 6. Le 3 mars 1823, la Chambre des députés, sur la proposition de M. de la Bourdonnaye, prononça l'expulsion de M. Manuel. (Note de l'auteur.) — 7. Philippe, marquis de DANGEAU (1643-1723), ne perdit jamais la faveur de Louis XIV ; il a laissé le *Journal de la Cour*. — 8. Marquis de CAVOYE (1640-1716), fut un des plus brillants courtisans de Louis XIV. — 9. Mme de LA FAYETTE (1634-1692), auteur de *la Princesse de Clèves*. — 10. Marguerite de Villette, Mme de CAYLUS, était la nièce de Mme de Maintenon ; elle a laissé des *Souvenirs*.

1823, s'efforcent d'attraper et de reproduire les caractères et les formes qui plaisaient vers 1670 ; gens doublement ridicules, et envers leur siècle, qu'ils ne connaissent pas, et envers le dix-septième siècle, dont jamais ils ne sauraient saisir le goût.

Depuis quelques années, tous les arts, et la poésie avec les autres, parmi nous, est devenue un simple métier. Tout jeune homme de dix-huit ans qui a remporté ses prix au collège, qui n'est pas né absolument dépourvu d'esprit, et qui, pour le malheur de ses amis, se met à être poète, apprend par cœur quatre mille vers de Racine et quinze cents de Delille. Il s'essaye pendant quelques années, il fait sa cour aux journaux, il devient maigre et envieux, et enfin, au bout de cinq à six ans, il est poète ; c'est-à-dire qu'il fait des vers assez bien en apparence. On ne saurait qu'y reprendre ; seulement, nos idées perdent de leur coloris au bout de trente vers ; après cent vers l'on s'efforce de tenir les yeux ouverts, et vers deux cents on cesse d'entendre. Le malheureux n'en est pas moins poète ; s'il intrigue, il aura des succès, et le voilà dévoué à l'envie et au malheur pour le reste de sa vie. On m'a assuré que l'on compte trois mille cinq cents poètes parmi les jeunes gens vivant à Paris.

LETTRE DE M. DE LAMARTINE A M. DE M....

A PARIS

Paris, le 19 mars 1823.

« J'ai lu avec le plus grand plaisir l'ouvrage de M. Beyle. Il a dit le mot que nous avions tous sur la langue ; il a rendu clair et palpable ce qui n'était qu'une perception confuse de tous les esprits justes. Il est à désirer qu'il étende davantage ses idées, qu'il fasse le premier une espèce de code de la littérature moderne. Je ne veux pas dire qu'il pose des principes et qu'il coordonne des règles ; il n'y a, selon lui et selon nous, d'autres règles que les exemples du génie ; mais un certain instinct pousse évidemment l'esprit humain hors des routes battues ; il importe de lui révéler à lui-même quel est le but auquel il aspire, et quel chemin l'y conduira plus tôt : c'est ce que ferait un tel ouvrage. —
Il a dit presque juste sur les classiques et les romantiques ; il n'a péché que par omission ; mais cette omission capitale l'entraînerait, selon moi, à des conséquences évidemment

fausses, dans la suite de son ouvrage. Il a oublié que l'imitation de la nature n'était pas le seul but des arts, mais que le *beau* était, avant tout, le principe et la fin de toutes les créations de l'esprit. S'il s'était souvenu de cette vérité fondamentale, il n'aurait point dit que Pigault-Lebrun était romantique (dans l'acception favorable du mot), mais qu'il était populaire, ce qui est tout autre chose. Il n'aurait pas dit qu'il fallait renoncer aux vers dans la poésie moderne ; car, le vers ou le rhythme étant le beau idéal dans l'expression ou dans la forme de l'expression, ce serait redescendre que de l'abandonner ; il faut le perfectionner, l'assouplir, mais non le détruire. L'oreille est une partie de l'homme, et l'harmonie une des lois secrètes de l'esprit, on ne peut les négliger sans erreur.

« Je désire, mon cher de M***, qu'en remerciant M. Beyle de tout le plaisir que m'ont fait ses aperçus, aussi ingénieux que profonds et vrais, vous lui communiquiez cette simple observation, qui, si elle est admise par lui, aura certainement une juste influence sur ses idées futures. S'il ne l'admet pas, nous ne nous entendrons pas tout à fait ; car j'ai foi dans le beau, et le beau n'est pas arbitraire ; il est parce qu'il est. Je voudrais encore que M. Beyle expliquât aux gens durs d'oreille que le siècle ne prétend pas être romantique dans l'expression ; c'est-à-dire écrire autrement que ceux qui ont bien écrit avant nous, mais seulement dans les idées que le temps apporte ou modifie ; il devrait faire une concession : classique pour l'expression, romantique dans la pensée ; à mon avis, c'est ce qu'il faut être. Je lui demanderais encore quelques autres concessions plus graves, et qui tiennent toujours à la première idée sur laquelle nous différons de sentiment. Je crois que le beau dans la pensée est plus haut qu'il ne le place, et que Platon en était plus près que Condillac. Mais en voilà déjà trop ; demandez-lui pardon. »

NAIVETÉ DU *JOURNAL DES DÉBATS*

Feuilleton du 8 juillet 1818.

. . . . . . O temps heureux où le parterre était composé presque en entier d'une jeunesse passionnée et studieuse, dont la mémoire était *ornée d'avance* de tous les beaux vers de Racine et de Voltaire ; d'une jeunesse qui ne se rendait au théâtre que *pour y compléter le charme de ses lectures !*

RÉSUMÉ

Je suis loin de prétendre que M. David se soit placé au-dessus des Lebrun et des Mignard. A mon avis, l'artiste moderne, plus remarquable par la force du caractère que par le talent, est resté inférieur aux grands peintres du siècle de Louis XIV ; mais sans M. David, que seraient aujourd'hui MM. Gros [1], Girodet [2], Guérin [3], Prudhon [4], et cette foule de peintres distingués sortis de son école ? Peut-être des Vanloo et des Boucher plus ou moins ridicules.

1. Baron Gros (1771-1835), peintre d'histoire, élève de David ; citons: *les Pestiférés à Jaffa, Bonaparte aux Pyramides.* — 2. Girodet, cf. p. 61. — 3. Guérin. Il y eut deux Guérin : *Paulin* (1783-1855), élève de Gérard. On a de lui : *Caïn après la mort d'Abel.* — Pierre (1774-1833), élève de Regnault : *Marius Sextius, Phèdre-et-Hippolyte.* — 4. Prudhon (1758-1823), un des plus grands peintres de l'École française, né à Cluny. On lui doit : *Vénus et Adonis, Psyché enlevée par les Zéphirs, l'Assomption,* etc. Son œuvre est immense.

TABLE

PREMIÈRE PARTIE

Préface. 3

Chapitre Premier. — Pour faire des tragédies qui puissent intéresser le public de 1823, faut-il suivre les errements de Racine ou ceux de Shakspeare. . . 5

Chapitre II. — Le rire. 15

Chapitre III. — Ce que c'est que le Romantisme. . 23

Chapitre IV. — De l'état de la société par rapport à la comédie sous le règne de Louis XIV 29

Chapitre V. — De la conversation 34

Chapitre VI. — Des habitudes de la vie par rapport à la littérature. 36

Chapitre VII. — Des scènes peignant les mœurs par des situations fortes et du *vis comica*. 39

Chapitre VIII. — De la moralité de Molière. . . 43

Chapitre IX. — De la moralité de Regnard . . 50

Chapitre X. — Réponse à quelques objections . 57

Lettre de M. de Lamartine à M. de M*** . . . l. 77

Naïveté du *Journal des Débats* 78

Résumé. 79

Paris-Lille. — Imp. A. Taffin-Lefort. — 12-2-27.

LIBRAIRIE A. HATIER, 8, Rue d'Assas, PARIS (VIe)

LES CLASSIQUES POUR TOUS

LITTÉRATURE FRANÇAISE (suite)

Chaque Exemplaire. .. ..

LE SAGE. — Gil Blas (2 vol.). — Turcaret.

MAINTENON (Mme de). — Lettres et Entretiens.

MAISTRE (J. de). — Les Soirées de Saint-Pétersbourg.

MAISTRE (X. de). — La Jeune Sibérienne — Le Lépreux de la cité d'Aoste (1 vol.). — Voyage autour de ma chambre.

MALEBRANCHE. — De la recherche de la vérité.

MARIVAUX. — Les Fausses Confidences. — Le Jeu de l'amour et du hasard. — La Nouvelle Colonie. — L'Ile des Esclaves (1 vol.).

MAROT. — Poésies choisies.

MIRABEAU. — Discours.

MOLIÈRE. — L'Avare. — Le Bourgeois gentilhomme. — Les Femmes savantes. — Les Fourberies de Scapin — La Comtesse d'Escarbagnas (1 vol.). — Le Malade imaginaire. — Le Misanthrope. — Les Précieuses ridicules. — Tartuffe.

MONTAIGNE. — Extraits pédagogiques.

MONTESQUIEU. — Lettres persanes. — L'Esprit des Lois. — Considérations sur les causes de la grandeur des Romains et de leur décadence.

MUSSET. — Fantasio — Un Caprice (1 vol.). — Il ne faut jurer de rien. — Mélanges de Littérature. — Poésies choisies.

NAPOLÉON Ier. — Lettres. Bulletins. Proclamations (1 vol.). — Mémoires de Sainte-Hélène. — Récits militaires.

NODIER (Ch.). — Contes et Nouvelles.

ORATEURS politiques de 1815 à 1848.

ORLÉANS (Ch. d') et VILLON. — Poésies.

PASCAL. — Opuscules philosophiques. — Provinciales. — Pensées.

RABELAIS. — Pages pédagogiques.

RACINE. — Andromaque. — Athalie. — Bérénice. — Britannicus. — Esther. — Iphigénie. — Mithridate. — Phèdre. — Les Plaideurs. — Racine et Port-Royal.

REGNARD. — Le Joueur.

RIVAROL. — Discours sur l'universalité de la langue française.

ROLAND (Mme). — Mémoires.

RONSARD. — Poésies choisies.

ROTROU. — Venceslas.

ROUSSEAU. — Le Contrat social — Lettre à d'Alembert. — Emile (L. II).

SAINTINE. — Picciola.

SAINT-SIMON. — Mémoires (2 vol.).

SALONS au dix-huitième siècle.

SCARRON. — Le Roman comique.

SCRIBE. — Bertrand et Raton. — Le Verre d'eau.

SEDAINE. — Le Philosophe sans le savoir. — La Gageure imprévue. — Richard Cœur de Lion.

SÉVIGNÉ (Mme de). — Lettres choisies

STAEL (Mme de). — De l'Allemagne.

STENDHAL. — La Chartreuse de Parme.

THIERRY (Augustin). — Récits des Temps Mérovingiens (2 vol.).

TOPFFER. — La Bibliothèque de mon oncle.

URFÉ (Honoré d'). — L'Astrée (2 vol.).

VAUVENARGUES. — Œuvres choisies.

VEUILLOT (Louis). — Ma conversion.

VIGNY (A. de). — Chatterton. — La Maréchale d'Ancre. — Poésies choisies. — Servitude et Grandeur militaires (3 vol.). — Stello. — Cinq-Mars.

VINCENT DE PAUL (Saint). — Lettres choisies.

VOLTAIRE. — Charles XII (2 vol.). — Jeannot et Colin — Extraits des Contes (1 vol.). — Mérope. — Zaïre. — Lettres choisies (2 vol.). — Siècle de Louis XIV (2 vol.).

LIBRAIRIE A. HATIER, 8, Rue d'Assas, PARIS (VIe)

Ch.-M. DES GRANGES
Professeur de Première au Lycée Charlemagne, Docteur ès lettres.

PAGES DE LITTÉRATURE FRANÇAISE
(1800-1920)

Un volume grand in-8 (15×21) de 1.040 pages, avec 320 *gravures documentaires*.

Notre littérature contemporaine attire et retient de plus en plus l'attention des Français et des Étrangers. Les programmes mêmes de l'enseignement élargissent la place réservée aux écrivains des dix-neuvième et vingtième siècles ; et le grand public aime à connaître, au moins par leurs meilleures pages, ceux dont les noms reviennent si souvent dans les revues, les journaux et les conversations mondaines.

La difficulté est de bien choisir les morceaux caractéristiques dans des ouvrages qui, pour la plupart, n'ont pas encore subi l'épreuve du temps, et ne sont pas définitivement classés. C'est une tâche qu'il faut entreprendre à la fois sans préjugés contre les nouveautés et sans oublier le bon goût qui doit toujours distinguer un livre français. On ne trouve dans celui-ci que des pages excellentes, empruntées aux plus grands noms de notre pays, depuis Chateaubriand jusqu'à Paul Bourget, depuis Victor Hugo jusqu'à Edmond Rostand. Ces citations sont précédées de notices biographiques détaillées, accompagnées de portraits, de sujets et de motifs tirés des meilleures éditions, et ayant un caractère documentaire.

Une *Introduction* de quinze pages présente aux lecteurs un tableau synthétique et complet du développement de la littérature française aux dix-neuvième et vingtième siècles.

Ce beau volume, imprimé avec luxe, a sa place marquée dans toutes les bibliothèques des Universités et des Collèges, dans les distributions de prix, et sur la table de toutes les familles, en France et à l'Étranger.

www.ingramcontent.com/pod-product-compliance
Lightning Source LLC
LaVergne TN
LVHW020945090426
835512LV00009B/1711